孩子应该知道的
50个中国
历史典故

看漫画
学透中国史

漫眼看中国历史
从头到尾趣味不停!

陈　群／主编

辽宁美术出版社

图书在版编目（ＣＩＰ）数据

孩子应该知道的 50 个中国历史典故 / 陈群主编 . —
沈阳 : 辽宁美术出版社，2023.1（2023.10 重印）

ISBN 978-7-5314-9347-1

Ⅰ . ①孩… Ⅱ . ①陈… Ⅲ . ①中国历史—青少年读物
Ⅳ . ① K209

中国版本图书馆 CIP 数据核字（2022）第 234267 号

出 版 者：辽宁美术出版社
地　　　址：沈阳市和平区民族北街 29 号　　邮编 :110001
发 行 者：辽宁美术出版社
印 刷 者：河北松源印刷有限公司
开　　　本：710mm × 1000mm　　1/16
印　　　张：12
字　　　数：150 千字
出版时间：2023 年 1 月第 1 版
印刷时间：2023 年 10 月第 2 次印刷
责任编辑：梁晓蛟　张　玥
封面设计：宋双成
版式设计：晴晨时代
责任校对：郝　刚
书　　　号：ISBN 978-7-5314-9347-1
定　　　价：39.80 元

邮购部电话：024-83833008
E-mail: lnmscbs@163.com
http://www.lnmscbs.cn
图书如有印装质量问题请与出版部联系调换
出版部电话：024-23835227

前言

　　中华民族拥有五千年文明史，其中涌现出无数的精彩瞬间，它们成为耀眼的明珠，在中国历史长河中熠熠生辉。为了让青少年了解、熟悉中国历史，我们从中撷取了 50 个经典典故汇集成册，出版了这本《孩子应该知道的 50 个中国历史典故》。

　　学习这些典故，可以了解历史上的一些重大事件，学习古人的一些精神。以史为鉴，指引未来。从历史事件中，我们可以明白一些事情的来龙去脉，借鉴前人的经验，武装自己的头脑，并从中吸取经验教训，明辨是非。传统的历史类

书籍，虽然文字叙述严谨，但又存在内容枯燥乏味的缺陷，特别是对于少年儿童来说，很难引起他们的阅读兴趣。鉴于此，我们在稿件选材上优先考虑内容的生动性，在编写过程中使用通俗易懂、诙谐精练的语言将复杂枯燥的文字戏剧化，再配以幽默的插图，让孩子在不知不觉中加深对历史经典的认知，从而热爱中国历史，热爱中国文化。

编者

目　录

炎黄子孙……001

周文王访贤…005

盘庚迁都……010

周公吐哺……014

烽火戏诸侯…018

管鲍之交……022

秦晋之好……026

退避三舍……030

楚王问鼎……034

一鸣惊人……037

屈原投江……041

负荆请罪……045

纸上谈兵……049

商鞅立木……053

合纵连横……057

书同文，

　车同轨……061

指鹿为马……064

王侯将相，

　宁有种乎？…067

鸿门宴………071

霸王别姬……074

成也萧何，

　败也萧何…077

苏武牧羊……082　　安史之乱……135

投笔从戎……085　　杯酒释兵权…139

三顾茅庐……089　　南唐后主……142

司马昭之心,　　　　杨家将………145

　　路人皆知…093　　澶渊之盟……149

愚蠢皇帝……097　　靖康之耻……152

八王之乱……101　　精忠报国……155

闻鸡起舞……105　　成吉思汗统一

淝水之战……108　　　蒙古草原…159

杨坚建隋……112　　靖难之役……162

玄武门之变…115　　郑和下西洋…166

玄奘西行……118　　土木之变……170

房谋杜断……122　　严嵩祸国……174

日月同天……125　　清军入关……178

桃李满天下…128　　平定三藩……182

开元盛世……131

炎黄子孙

——出自《史记·五帝本纪》

相传，咱们中华民族有共同的老祖宗——**黄帝和炎帝**。黄帝生活在远古时期，那时候还没有形成真正的国家，人们都生活在大小不一的部落里，黄帝就是一些部落联盟的首领。黄帝能力很强，这些部落在他的治理下很快繁荣起来。

黄帝

好好跟着我干，大家都会吃上肉的！

那时，有个很厉害的角色——**炎帝**。这人也是位部落首领，在被黄帝收服后，和黄帝成了两肋插刀的哥们儿。还有一个更厉害的，那就是传说中的"兵神"——蚩尤。传说，蚩尤兽身、铜头、铁额。他身边还带着八十一个爱吃沙子的弟兄，个个比老虎还生猛。

想想吃沙子这个爱好就觉得硌牙！

蚩尤之所以被称为"兵神"，相传是因为他有一技之长——会制造带刃儿的兵器。

蚩尤拿着这些兵器就开始胡作非为，直接做了烧杀抢掠的"劫匪"。蚩尤带着这群弟兄，把周边部落搅得没法儿过日子，还不断找炎帝的碴儿。炎帝哪儿受得了这样的折腾，只得跑到黄帝面前痛哭流涕，陈诉自己受的委屈。

大哥呀，
你可得帮我呀。
蚩尤那小子欺负我。

炎帝

黄帝一看自己兄弟被揍了，哪儿能不管！于是凭借自己的威信，振臂一呼，就要去教训蚩尤。其他部落也积极响应，有钱的出钱，有力的出力。看来蚩尤是彻底把大家

惹急了。

黄帝带着大家在涿鹿跟蚩尤进行了最后的决战。蚩尤自信地带着自己的兄弟们兴冲冲过来对阵。他觉得大败黄帝就是小菜一碟，走路的时候故意踩得震天响。

黄帝虽然兵力处于弱势，但人家黄帝的军队都是正经八百的"正规军"，战斗力爆满，加上黄帝还有不少经过训练的猛兽——**熊、罴、貔、貅、貙、虎**六大将，在与炎帝的大战中立过赫赫战功。其实力绝对不容小觑。

蚩尤小子，
这下看你还怎么得意！

蚩尤带着自己的人一路冲过去。黄帝这边一声令下，身边的"正规军"和猛兽也冲杀了过去。传说双方都动用了神仙法力，一时间，杀得天昏地暗。最后，蚩尤大败。

这场战争让黄帝的名声更大了，更多部落慕名前来归顺。黄帝也不客气，凡是来投靠的部落统统收编。后来，黄帝、炎帝部落又与蚩尤九黎部落经过长期发展融合，形成了华夏族，黄帝和炎帝也被后人尊为中华民族的祖先。

现在你知道"炎黄子孙"的来历了吧？

蚩尤

涿鹿之战，传说发生在约 4600 年前。当时黄帝和炎帝联合，一起对抗蚩尤，据说是为了争夺适合耕种和放牧的中原地区。最后，蚩尤大败，黄帝和炎帝获得胜利。这场战役对于古代华夏族从远古时代向文明时代转变有重大意义。

周文王访贤

——出自《史记·齐太公世家》

话说商汤建国后，历经五百多年，王位传到纣王（帝辛）手里。纣王刚继位时也算个有志青年，多次发兵攻打东夷部落并取得胜利，国家版图进一步扩大。看到天下太平了，纣王也懈怠了，他的精力不再放在治理国家上，而是想着法儿地享乐。他下令修建了琼室、玉门、鹿台等，又让各地进献美女、珍禽。纣王每天大口喝酒、大口吃肉，日子过得别提有多逍遥快活。

接着奏乐，接着舞!!

纣王

但这种奢靡的生活是需要金钱支撑的，国库再有钱也架不住他无度挥霍。纣王一想：天下百姓那么多，每人多交点儿税，国库不就充实了吗？于是他下令增加赋税。这下百姓的日子就不好过了。当时的生产力很低，老百姓本来就在温饱线上挣扎，这么一加税，老百姓的生活就更艰难了。纣王对百姓的疾苦不管不问，一些忠臣见此，就建议纣王不要这样铺张。纣王却怒了，发明了各种酷刑，用来对付那些进谏的大臣。

天下财富全是我的。

周部落有个首领叫姬昌，也就是后来的周文王。姬昌是一个非常有魄力的政治家。他鼓励人们发展生产；他尊重贤才，很多有才能的人都投靠了他。因此，周部落的势力大大增强。姬昌看到纣王昏庸残暴、丧失民心，就决定讨伐商纣。可是看了看身边的这些文武大臣，他发现唯独缺少一个军师，于是他决定亲自出去寻找。

各位对伐商可有什么好的计策吗?

周文王

向右转!

某武将

在吕地有一个叫姜子牙的老人，他的先祖曾帮助大禹治水，他也算是名门之后。但到了姜子牙这代就没落了，姜子牙成了一介白衣。他喜欢研究天文地理、军事谋略和治国之道，希望有一天能施展抱负，可是一直到七十岁还一事无成。有一次，他听说文王出来访贤要经过渭水，于是就拿着钓鱼竿跑到渭水边等着求见文王。

姜子牙

姜子牙的妻子马氏看到姜子牙年纪这么大还一事无成，就决定离家出走。姜子牙苦口婆心劝了半天，说："用不了多久我就会大富大贵。"妻子说："这话我听了一辈子了。"她最终还是离开了姜子牙。最后，姜子牙立了大功，并被封到齐地。马氏又找到姜子牙要求复合。姜子牙将一壶水倒在地上，说："你要能把水装进壶里，就还做我的妻子。"这就是"覆水难收"这一成语的由来。

文王来到渭水边一打听，知道这里有一个老人平时爱钻研军事谋略，就带领一帮人骑着马来到河边寻姜子牙。姜子牙装作没看见，仍专心地钓鱼。文王观察了半天感到很奇怪：这个老人钓鱼怎么用的是直钩？于是就走上前和姜子牙聊了起来。

你这直钩怎么能钓鱼？

我这是愿者上钩。

结果这一聊让文王非常吃惊，姜子牙竟然满腹才学，文王高兴地说："你就是我要找的人！"姜子牙也高兴地说："我用直钩不是在钓鱼，而是为了等到一位贤王。现在我也等到了。"文王拉着姜子牙的手同乘一辆车回到周地。姜子牙一边协助文王发展生产，一边训练兵马。后来他帮助周武王建立了周朝。

终于等到了一位贤王。

盘庚迁都

——出自《史记·殷本纪》

商汤建立商朝后，定都在亳。不知道是环境不好，还是运气不好，商朝因为王族内乱、天灾等，从立国到盘庚掌权前，前前后后迁了四次都城，真叫一个不怕累。相传有一次迁都前发了大水，直接把都城给淹了。国王一看，直接搬家吧。等王位传到盘庚的时候，社会又不安定了，看来还是逃不过迁都的"魔咒"哇。

某位商王

不过，当时的贵族大臣都觉得日子过得挺舒服，死活不愿意搬家，甚至有些贵族还鼓动百姓出来闹腾。

盘庚这时候也头大。先是跟反对的大臣们商量，希望他们能体谅一下自己的不容易，还说自己必须迁都，谁也不准反对。

大家看拗不过盘庚，只能同意迁都了。盘庚把都城迁到了殷，在这儿开展自己的宏图大业，终于打破了不停迁都的"魔咒"。商朝在随后的二百年时间里，一直没再迁都。后来商朝就有了一个"小名"——殷商，殷商的遗址就被叫作"殷墟"。

哈哈，我要打破我们祖宗不停迁都的"魔咒"，还有谁能打败我！

盘庚

这个"殷墟"可是不得了，甲骨文就是在这里被发现的。刻有甲骨文的龟甲、兽骨最初被当作一味中药"龙骨"。清末有个金石学家叫王懿荣，他在从药房抓的药中发现"龙骨"上有奇怪的图形符号；经过一段时间的研究，王懿荣断定这些符号是一种文字。后来，学术界将这种文字称为"甲骨文"。话说商王朝的统治者们还挺迷信，大小事情都用龟甲、兽骨

算一卦。算的结果就刻在龟甲、兽骨上。咱们现在使用的汉字就是从甲骨文演变过来的。

我要是把这种文字研究透了就厉害了！

王懿荣

这是啥？从来没见过呀！得好好研究研究。

在殷墟里面发现的最大的青铜器——后母戊鼎，有 1750 斤重，是迄今世界上出土的最大、最重的青铜器。我的天哪！按当时的条件，这得是多少奴隶的血和泪呀！不过，这个大鼎的工艺确实精湛，是商代青铜文化顶峰时期的代表作。

我的妈呀，这个青铜器太牛了！

游客

随后，考古学家们还在殷商墓中发现了大量殉葬的奴隶，

光安阳殷王陵中，已经发现的殉葬者就多达 1100 多人。

商朝是中国历史上第二个朝代，是中国第一个有同时期文字记载的王朝，对中华文明的传承与发展做出了巨大贡献。

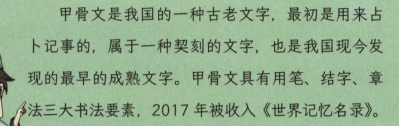

甲骨文是我国的一种古老文字，最初是用来占卜记事的，属于一种契刻的文字，也是我国现今发现的最早的成熟文字。甲骨文具有用笔、结字、章法三大书法要素，2017 年被收入《世界记忆名录》。

周公吐哺

——出自《史记·鲁周公世家》

　　周武王打败商纣王，终于在中原站住了脚。他担心自己的地盘被抢，就把国家分给同姓宗族、有功的大臣，以及前代王朝的后人，这些人就变成了诸侯。周武王把纣王的儿子武庚封到商朝旧有的疆土上，并派人好好盯着。与此同时，周武王还把姜太公直接封到山东东北部，准姜太公在今淄博市临淄区北建都，并且给了一个国号——齐；把今山东西南部赐给亲弟弟旦（因让旦留在他身边辅佐，所以旦的儿子伯禽在封地建了国，建都于今曲阜市），也给了一个国号——鲁。现在你们明白山东为什么叫齐鲁大地了吧！

周公旦

看我脚下，这就是齐鲁大地。

武王去世后，按规矩这王位要传给成王，但当时的成王还是一个只会哇哇哭的娃娃。这么大的一个国家总不能交给一个小孩子管理。周公旦（即前文中的旦，因采邑在周，故被称为"周公旦"）一拍胸脯站了出来，帮自己大侄子扛起了重担。周公旦跟哥哥关系亲密，武王病的时候，他心疼得直哭。把自己儿子交给他，想来武王也会放心。谁知道这时候蹦出来两个心怀不轨的人——武王的另外两个弟弟鲜和度。这俩祸害诬告周公旦造反，搞得人心惶惶。

我们得想办法除掉他。

周公旦，姬姓，名旦。他是西周政治家，文王第四子，又称为叔旦。传说他写了《周礼》，是周朝礼乐制度的倡导者和执行者；同时还传说他可以解梦，有"周公解梦"之说。

周公旦听到谣言决定反击。他先是召开了"新闻发布会"，给百姓们解释自己辅佐君王的原因，还表示自己要让大家过上富裕的日子。为了招揽人才，周公旦常常顾不上吃饭，甚至吃一顿饭多次吐出正在咀嚼的食物，立刻站起身来接待贤能的人。周公旦一系列的表现，使得谣言不攻自破。鲜和度这两位皇叔没扳倒周公旦，居然联合武庚造反。周公旦再也不惯着他们了，直接下令镇压。

国家稳定之后，周公旦直接封有功之臣或者王族为诸侯。周公还建造了东都，制定了一套完整的礼乐制度，即周礼。周礼是西周时期法律规范的重要表现形式之一，有很强的约束力和权威性。孔子也对周礼非常推崇，认为只有周礼才能使天下安定，这就是后话了。

　　成王长大后，周公旦也不留恋权力，直接放手，把天下

交还给成王。

年轻人，放手去干吧，
向你的老爹看齐！

周成王

烽火戏诸侯

——出自《东周列国志》

话说这周幽王不好好治理国家，经常派人出去搜罗美女。大臣褒珦劝说周幽王把精力放在治理国家上，结果周幽王嫌烦，直接把褒珦丢进了大牢。

褒珦家人想尽办法也没救出褒珦，最后实在没办法了，就从乡下买了一位美女，取名褒姒，献给周幽王。这位美女经过专业训练，唱歌、跳舞无一不通。褒姒被送到周幽王面前，周幽王瞬间就迷糊了，当即下令把褒珦放了。谁知这褒姒是个冰山美人，死活不愿意笑。周幽王绞尽脑汁也没能逗笑这位美人。

美女呀，你给本王笑一笑嘛！

周幽王　褒姒

这时候有个叫虢石父的马屁精出了个馊主意。他邀请周幽王和褒姒去骊山上玩儿，还让周幽王把周边的烽火台点着了。周边诸侯看到烽火台着火了，瞬间吓得蹦了起来。难不成犬戎打过来了？诸侯们马上带着兵马赶到骊山，这才知道是周幽王把烽火台当烟花给点了，压根儿就没犬戎的事儿。褒姒看到诸侯们一脸蒙相，忍不住笑了起来。这一笑，周幽王彻底沦陷了。诸侯们明白自己被耍了，憋着一肚子气，骂骂咧咧地回去了。周幽王就这样为了讨好褒姒，数次戏弄诸侯们，诸侯们后来不再上当了。

周幽王前脚"烽火戏诸侯"，后脚废了太子，直接让褒姒的儿子做太子。但是原太子也不是软柿子，自家姥爷那是申国国君哪。申国国君看到自己亲外孙受到这等羞辱，联合犬戎直接杀了过来。

申国国君

等着，姥爷给你出气!

原太子

周幽王一看犬戎真的来了，吓得赶紧下令点燃烽火台。诸侯们以为这小子又在放烟花，谁也没当回事儿。

等犬戎堵住了家门口，诸侯们才回过味儿来，敢情这次是真有人来揍他们了! 犬戎先杀了周幽王、虢石父和太子，紧接着烧杀抢掠一通，拍拍屁股走人了，还把褒姒给顺便带走了。

让你随便点火，看谁能来救你。

犬戎人

如此一来，诸侯们只好立了新帝——周平王。不过这周平王动不动就被犬戎拿捏，自己实在受不了，直接迁都跑到了洛阳。因为洛阳在原都城镐京东边，所以这个时候的周朝叫作东周。

小贴士

犬戎，古代族名，古时生活在今陕西省彬州市、宝鸡市岐山县一带。犬戎一族的祖先以犬或狼为图腾。春秋初期，犬戎吞并周边诸戎，建立义渠之戎，发展成秦国的强敌。后来犬戎一支北迁到当时的蒙古草原，成为那里最早的游牧民族之一。

管鲍之交

——出自《列子·力命》

　　管仲和鲍叔牙两人是发小儿，从小玩儿到大。鲍叔牙对自己这个发小儿特别赏识，二人做买卖分利的时候，也总给管仲多分点儿，他知道管仲家穷得叮当响。管仲年轻的时候真的是干啥啥不行：做官被免官，打仗当逃兵。可鲍叔牙却觉得管仲哪儿哪儿都好。难怪管仲说："生我的是父母，知我的是鲍叔牙呀！"

我们永远都是好朋友哇！

管仲

鲍叔牙

　　这对好朋友后来都当了齐国公子的老师，管仲负责教公子纠，鲍叔牙负责教公子小白。两位公子被调教得很好，可

他们的哥哥齐襄公怕他们抢自己的王位，就残忍地把他俩赶走了。

过了没多久，齐襄公死了。在外的哥儿俩一听——这不是老天爷给机会吗？俩人都想回国当国君。这时候管仲也顾不上自己跟鲍叔牙的情分了，直接去刺杀公子小白。估计那时候的鲍叔牙怎么也想不到自己的发小儿要暗算自己的主子。管仲射了公子小白一箭，以为再没有人能和自己的主子抢王位了，于是就带着公子纠慢悠悠地回齐国了。

公子小白福大命大，这一箭只射中了小白的衣带钩，人一点儿事儿也没有。这时候鲍叔牙回过味儿来，带着小白抄小路，赶在管仲之前把小白送回了齐国。公子小白先回到齐国，登基成为国君，就是历史上有名的齐桓公。

这时候齐桓公直接派人把公子纠给收拾了，还把管仲给逮了，想要剐了这老小子。鲍叔牙吓得急忙给管仲求情，毕竟俩人是发小儿，不能让发小儿就这么没了，再说管仲实在是个难得的人才。鲍叔牙在齐桓公面前一把鼻涕一把眼泪地诉说着他俩之间的情谊，还说："管仲也是为了自己的主子，本身没什么错，希望大王能饶了他并委以重任，相信他一定能辅助大王成就一番事业。"齐桓公肯定听鲍叔牙的呀，而且他也知道管仲的本事，直接下令让管仲做了宰相，而鲍叔牙心甘情愿做管仲的助手，这对好朋友也迎来了自己政治生涯的巅峰。

齐桓公，姜姓，吕氏，名小白，"春秋五霸"之首。他继位后，实行军政方面的改革，齐国逐渐强盛。后来他以"尊王攘夷"的名义，九合诸侯，平定宋国内乱，北击山戎，南伐楚国，成为中原霸主。

秦晋之好

——出自《左传·僖公二十三年》

春秋时期，秦、晋两国在当时是诸侯中实力相当的大国。晋国国君晋献公为了加强两国合作把自己的大女儿嫁给了秦穆公，她被称为"穆姬"。这就是"秦晋之好"的由来。

我把我姑娘嫁给你呀，老秦贤婿呀！

晋献公

秦穆公

不久，秦穆公的老丈人晋献公去世了。当时在秦国为质子的晋公子夷吾马上找到自己的姐夫秦穆公，请求他帮忙让自己回晋国当国君，并许诺会用五座城池来报答他。秦穆公当即同意，想尽一切办法让夷吾成功坐上晋国国君的椅子，成为晋惠公。只是老秦同志万万没想到，这晋惠

公是个过河拆桥的主儿，直接翻脸不认人，压根儿不提五座城池的事儿。

晋惠公说话不算话这事儿着实让秦穆公心里拧巴了很久。没过几年，晋国国内暴发大面积灾荒，百姓们都吃草根、啃树皮来充饥了。秦穆公不计前嫌，二话没说直接拿出大批粮食救助晋国。第二年冬天，秦国也发生了大面积旱灾，晋惠公这时候却开始耍流氓了，一粒粮食都不支援秦国不说，还直接派兵进攻秦国，简直小人得不能再小人了。不过，秦国毕竟是实力雄厚的诸侯国，在受灾的情况下秦国还是把晋国给收拾了。最后，晋惠公被秦穆公活捉，秦穆公盛怒之下要杀了这个忘恩负义的东西。

这时候穆姬带着孩子们当着秦穆公的面站在柴火堆里，要求秦穆公放了晋惠公，毕竟他是孩子们的舅舅。秦穆公看

到自己媳妇给小舅子求情，不得不放了晋惠公，还在灵台设宴款待他。此后两国国君签订盟约，重新做回好朋友。

　　晋国太子圉在秦国做人质时，秦穆公将自己的女儿怀嬴许配给了他。后来晋惠公病重，太子圉偷跑回晋国，而怀嬴不肯跟他回去。第二年太子圉当上晋国国君，这就是晋怀公。这位君主可比以前的君主难伺候多了，对人刻薄，性格多疑，总觉得谁都要害自己。晋怀公可以说凭借一己之力把晋国搞得乌烟瘴气。这时候本性温和善良又多才的晋公子重耳来到秦国，秦穆公看到晋怀公如此不着调，就决定把他换掉，让女儿怀嬴嫁给重耳做妻子。公元前636 年，重耳在自己老丈人的保护下，威风凛凛地回到晋国。秦穆公也不手软，派人杀了怀公，让重耳登基。重耳就是历史上著名的晋文公。

晋文公，姬姓，晋献公之子，"春秋五霸"之一，和当时的齐桓公并称"齐桓晋文"。他在位期间重用贤才，对商业和农耕进行大刀阔斧的改革，短短几年就使晋国国力大增。公元前632年，晋国在城濮打败楚国，成为"春秋五霸"中第二位霸主，开创了晋国长达百年的霸业。

退避三舍

——出自《左传·僖公二十三年》

话说晋献公当年听信小人谗言，把自家太子申生杀了，接着还要追杀申生的弟弟重耳。重耳不得已逃出晋国。

太子申生

重耳历尽千辛万苦来到楚国，楚成王觉得重耳将来一定会有所作为，于是就用最高的礼节接待了重耳，奉他为座上宾。

一天，楚成王又宴请重耳，二人把酒言欢，不亦乐乎。这时候楚成王突然问了重耳一个问题："假如将来有一天，你能回到晋国坐上国君位置，你要怎么报答我呢？"重耳一时被问蒙了，只能张口说："陛下，楚国美女、财富遍地都是，各种奇珍异宝更是应有尽有，而晋国满境覆盖的都是黄土，没有什么好东西可以送给陛下的呀！"

这个成王心里在盘算什么呢？

楚成王

楚成王说："公子太谦虚了。话是这么说，但是我这么照顾你，你总要表示吧！"这时候的重耳才反应过来，敢情楚成王这么帮自己是有所企图的呀，就说："陛下，您看这样如何？假如我有一天可以回到晋国登上王位，会与楚国世代交好。如果两国不得已要交战，我承诺晋国一定会第一时间退避三舍（九十里）。如果您还是要进攻，那我才会出手交战。"四年之后，重耳当真回到了晋国，并成功登上王位，成为晋文公。晋国在他呕心沥血的治理下越来越强盛。

我终于坐上王位了！

公元前 633 年，晋国和楚国两国果真要开战了。此时的晋文公为了遵守当时对楚成王"退避三舍"的约定，主动带领军队向后方撤退九十里，来到城濮驻扎。晋国将领们对撤退这件事儿表示不理解，这时候晋文公说："打仗靠的是气势！今天我们信守承诺主动撤退，楚国已经输了理。现在他们再发动进攻的话，我们就可以名正言顺地回击楚国。这时候我们的将士们正是气势旺盛的时候，还愁打不过他们楚国吗？"

我就是让你九十里，你也打不赢我，成王的算盘彻底打错了！

这时候的楚国看到晋国主动撤退了，以为晋国是认厌了，马上下令全力追击。晋文公正好利用了楚军急于获胜的心理，集中精锐部队，全力对抗楚国大军。最后，晋军大破楚军，获得城濮之战的胜利。

　　舍，古代计算行程的计量单位，一舍是三十里。"退避三舍"就是后退九十里，后延伸为回避、退让的意思。最早见于《左传》："晋楚治兵，遇于中原，其辟君三舍。"

楚王问鼎

——出自《左传·宣公三年》

用青铜制作的九鼎是皇权的象征。夏朝历经四百多年，最后被桀这个暴君给葬送了，汤做君王的时候就把九鼎从桀那儿拿过来了。后来这九鼎又流转到姬发那儿，成为周朝权力的象征。

看看，还是我比你们厉害呀！

公元前 606 年，楚庄王想代周取天下，周定王惶恐不安，派周大夫王孙满慰劳楚庄王。楚庄王就向他询问九鼎的大小和重量，王孙满一听这是要挑战皇权哪，直接对他说："这鼎的尺寸你能随便问吗？九鼎过于巨大，加上年代久远，重量无法估计。"

楚庄王一点儿也不怕他们，说："你不要依仗九鼎。楚国的铜要多少有多少，我只要把兵刃上的铜拿下来就够做九鼎了，还要你的干吗？"王孙满接着说："想当年夏禹凭借自身的品德得到诸侯们的拥护，诸侯们才进贡了大批的铜来铸造九鼎。君王自身注重德行，就不用在乎鼎的大小。像你这种没有德行的流氓，给你多大的鼎也没用。"这一通说呀，楚庄王只能灰溜溜地走了。

到东周时期，周赧王也遇到问鼎这么一茬事儿。周天子逃不过问鼎的魔咒哇！当时，秦武王带人跑到洛阳找周天子，非要看看人家的宝鼎。你说看就看吧，秦武王还要与孟说比赛举"龙文赤鼎"。谁承想，秦武王举着大鼎没走几步就骨折了，人直接晕了过去。周天子急忙派人送秦武王回去，结果，还没到秦国地界，秦武王就驾鹤西游了。秦武王成为历史上唯一一个自己把自己弄骨折而死的君王。

秦武王，战国时秦国国君，名荡，秦惠文王之子，即位后将张仪、魏章逐回魏国。当时的他立志"通三川，窥周室"。他孔武好战，但有勇无谋，后因为举鼎而断胫骨，当天晚上就气绝而亡了。

一鸣惊人

——出自《韩非子·喻老》

楚庄王成为国君三年了，毫无作为，看上去只知道吃喝玩乐、享受人生，国家大事、政务外交一律不闻不问。他身边的大臣谁跟他提意见，他就收拾谁，一门心思地玩乐，朝政大事于他而言都是浮云。

这日子真舒坦哪!

这时候有个不怕死的人——伍举，他找到楚庄王，想劝一劝。楚庄王直接指着伍举鼻子说："你也想管我？你胆子不小哇！"伍举笑着说："我是过来向您请教的。有人给我出了个谜语，我不会，这才来请大王给猜猜。"

　　楚庄王一听是猜谜语，很开心地问是什么。伍举说："咱们楚国有一只神奇的大鸟，这大鸟也奇了怪了，三年了也不飞一下，您说这是什么鸟呢？"楚庄王听了哈哈大笑："那能是什么鸟哇，就是个傻鸟呗。"话音刚落，顿时脸红脖子粗，心想：这是骂他呢，那还了得！楚庄王说："这只鸟不飞也就罢了，一旦飞起来，肯定一飞冲天。这就是'不鸣则已，一鸣惊人'。"

哈哈，这只傻乎乎的鸟笨死了。

伍举

　　后来，楚庄王听了伍举、苏从等大臣的建议，决定远离酒色，干一番大事业。这些大臣当年就超额完成任务，收服了不少南方部落，紧接着又让宋国认了虎，又过了两年还打走了戎族。楚国一路高歌猛进，直逼周都。这势头把周天子差点儿吓晕，急忙派使者去"慰劳"人家。

周天子

楚庄王很清楚自己还需继续奋斗，随后他任用了会种地、能开河的孙叔敖发展生产。孙叔敖也是个非常靠谱的"职业经理人"，把国家开发得是生产力十足，"GDP（国内生产总值）"直线上升。

公元前 597 年，楚国和晋国在邲地碰面了。两国见面也不客气，直接开打。晋国被揍得头破血流，吓得一溜烟儿跑了。楚庄王这时候说："留着这些残兵，让他们回去，我要让晋国人看看自己国家被打成什么熊样子。"说完一甩头，留下一个潇洒的背影。

让他们走吧，我不在乎！

小贴士

孙叔敖辅佐楚庄王时，加强对百姓的教导，减少刑罚，积极发展商业，促进国家经济的发展，为楚国称霸南方奠定了基础，帮助楚庄王成为"春秋五霸"之一。

屈原投江

——出自《史记·屈原贾生列传》

秦国与韩国约好一起攻打楚国。楚国没办法，就想和齐国搭伙一起打击秦国。秦昭襄王即位后，给楚怀王写信，邀请他过来和秦国签订盟约。这个操作着实把楚怀王吓得不轻，自己去不去都是错，左右为难。

楚怀王

这怎么办哪？不管怎么选，自己都不好办了呀。

楚国的大臣屈原劝楚怀王别去秦国那虎狼之地，但公子子兰却使劲儿劝自己亲爹去秦国。怀王耳根子软，禁不住儿子的软磨硬泡，心一横去了秦国。谁知道自己前脚刚进秦国，后脚就被秦国软禁了。秦国让子兰拿五个城池来换自己老子。

　　楚国这边一听秦国要自己大放血，那这国君直接不要了，另立新君，即子兰的哥哥，称楚顷襄王。一年后，楚怀王死在秦国。

　　屈原看到怀王死得这么窝囊，心里窝火。他就劝楚顷襄王远离小人，操练兵马，早日给自己老爹报仇。楚顷襄王身边却围着一圈儿的小人，这些人一个劲儿地给他灌迷魂汤，说屈原的坏话。楚顷襄王这人跟他爹一个毛病，耳根子太软，最终还是听信谗言把屈原流放了。

楚顷襄王

迷魂汤

屈原本来是抱着振兴国家的宏大愿景去劝楚顷襄王的，最后却被小人给害了，心里这个坎儿是真过不去呀！被贬以后，他总是一个人在汨罗江边一会儿哭一会儿笑。

江边渔民看到这样的屈原，好心劝屈原想开点儿，屈原却说自己要用这江水洗去一身的凡尘烟火。最后，相传在农历五月初五这一天，屈原抱着一块大石头，一头扎进了汨罗江中。

相传，当地渔民闻讯赶来，想捞起屈原的尸首，可是怎么都找不到；为了不让鱼虾分食屈原的尸首，人们便将糯米包在粽叶里投入江中。此后的每年农历五月初五这一天，人们都会吃粽子、赛龙舟，以此表达对这位爱国诗人的哀思，这天也变成了屈原的纪念日，成为一个中国传统节日——端

午节。其实关于端午节的起源说法不一，但大都认为是为了悼念屈原。

屈原，名平，字原，又自云名正则，字灵均，战国时楚国贵族。因遭贵族排挤诽谤，被先后流放至汉北和沅湘流域。他是中国历史上一位伟大的爱国诗人，中国浪漫主义文学的奠基人，"楚辞"的创立者和代表作家，被誉为"楚辞之祖"。

负荆请罪

——出自《史记·廉颇蔺相如列传》

蔺相如两次单枪匹马闯秦国，靠着自己三寸不烂之舌保赵国周全。赵王一激动直接封蔺相如做了上卿，比廉颇高一个级别。

廉颇这心里不服气了，对身边人抱怨："一个弱不禁风的书生，凭什么比我还高一个级别？等我碰到他，非得收拾他，让他知道谁才是厉害角色。"

老子凭什么比他矮一头！

蔺相如

廉颇

廉颇的话传到了蔺相如那儿。蔺相如一听，心想：这还得了，明摆着要给自己弄事儿呢呀！惹不起躲得起，他直接请病假不去上朝了。

直到有一天，两人在半路上即将碰面。真是不是冤家不聚首哇！蔺相如让车夫把车拉到一个小巷子里躲起来。蔺相如的门客看着廉颇趾高气扬地过去，心里那个憋屈，都嘀咕自己主人胆儿也太小了，这样做好丢人。

蔺相如脑袋一摇说："你们用脑子想想，秦王和廉颇谁更厉害？"门客们说："当然秦王厉害了，这还用说呀。"蔺相如说："是呀，天下人都怕秦王，但是我敢当面跟他理论。我见了廉颇怎么会怕呢？秦国之所以不敢招惹我们赵国，是因为有我和廉颇在。如果秦国知道我们二人不和，那一定会找碴儿。所以为了咱们国家，我愿意认怂。"

后来有人把蔺相如的话告诉了廉颇，廉颇十分惭愧，心想："这格局比我可大多了呀！"于是直接背上荆条找蔺相如请罪。蔺相如本来就不打算和廉颇计较，急忙扶起下跪的廉颇。自此二人坦诚相见，成为至交。

孩子应该知道的
50个
中国历史典故

完璧归赵：“完”，完整无缺；“璧”，古代一种扁圆形的玉器。《史记》记载，楚国有一块叫作和氏璧的璧玉，为赵惠文王所得。秦昭王听说后，表示愿意用十五座城池换取和氏璧。于是，蔺相如带着和氏璧去秦国换取城池。到了以后，蔺相如发现秦昭王只想要宝贝，却不想给城池，于是凭着他的大智大勇又将和氏璧完好地带回了赵国都城。后来人们用这个成语比喻把原物完整无损地归还原主。

纸上谈兵

——出自《史记·廉颇蔺相如列传》

秦国的将领王龁要攻打赵国的长平，廉颇按兵不动，做好长线作战的准备。王龁多次找碴儿，廉颇死活不理他。就在王龁榨干脑汁也想不出计策的时候，范雎给支了一着儿——离间计。范雎开始给廉颇造谣，说廉颇岁数太大了，根本没有胆量跟秦国较量，秦国最怕的就是赵括这样年轻有为的人。

范雎

我告诉你们，这廉颇就是上岁数了，打仗根本不是我们的对手。

消息很快就传到赵王耳朵里，赵王当即下令决定起用赵括。赵括虽然是名将赵奢的儿子，但只是一个满嘴跑火车、根本不懂得实战的纸老虎。赵奢临终前还嘱咐妻子，不要让赵括领兵打仗，否则赵国必败。赵括母亲也遵照赵奢遗愿，上书赵王不要起用赵括。自己的父亲都这么看不上他，赵括那点儿本事可想而知。可赵王这人也是一根筋，认准了秦国怕赵括这样的年轻人。

只会高谈阔论的纸老虎

赵括

赵括在赵王面前夸下海口，说自己天下难逢敌手，让赵王放一百个心。赵王还真把二十万大军放心地交给了赵括，殊不知这就是赵王痛苦的开始。赵括带着二十万大军雄赳赳气昂昂来到防地接过廉颇的大军，四十万大军着实让赵括骄傲了一阵子。

廉颇被迫回到赵国，秦国这边知道赵王中计了，直接派白起带兵攻打赵括。赵括领兵长驱直入不管不顾，很快就钻进白起设的陷阱。四十万赵军被白起拦腰截断，同时被切断后路，赵括一下子成了瓮中之鳖。

这是怎么回事？我怎么就这样被困住了，呜呜……

赵括带着军队苦苦支撑了四十多天，士兵们没吃没喝，个个急得像热锅上的蚂蚁：自己跟着廉颇将军的时候哪儿遭过这罪呀！大家心里已经不知道骂了赵括多少回，而赵括这边还梦想着自己可以突围呢。赵军发起最后的冲锋时，秦军直接放箭，赵军死的死，伤的伤，赵括也被乱箭射死了。四十万赵军就这样被赵括"玩儿"没了。

　　白起，亦称公孙起，郿（今陕西省眉县东）人。他是战国时期"兵家"代表人物之一。白起担任秦军主将三十多年，攻城七十余座，为秦国统一六国做出了巨大的贡献，受封为武安君。一说他和当时的廉颇、李牧、王翦并称为"战国四大名将"。

商鞅立木

——出自《史记·商君列传》

话说"人无信则不立"，商鞅算是历史上认真履行这一真理的头号人物。秦孝公刚刚即位的时候，就发誓要让天下贤能志士都围着自己转。

秦孝公的号召还挺管事儿，很多有才能的人都来到都城。其中有个叫商鞅的人，在自己国家不受人待见，就"秦漂"来到秦国寻求发展。商鞅跟秦孝公说了自己的政治方略，认为国家要强大起来，就要有所改变，要让百姓吃饱，要赏罚分明，奖励有功劳的人。他的这些思想让没有本事还享受高工资的王公贵胄很是不爽，所以这些贵族们都跳出来反对商鞅。

秦孝公一看：这反对的人有点儿多呀！自己又刚刚当皇帝，保住王位是首要任务，就把商鞅晾在一边了。商鞅刷存在感的第一拨儿操作就这么沉底了。过了两年，秦孝公觉得自己的王位坐得很瓷实了，就把商鞅从冷板凳上拎起来，任命他为左庶长，负责国家政治变革的大事。

为了让百姓尽快信服自己，明白变法是怎么一回事儿，商鞅在城外举办了一场表演秀。

一天，商鞅在城南门竖起一根几米长的大木头，说："谁能把这根木头扛到北门，就赏给谁十金。"大家一听，纷纷议论，说："怎么会有这样的好事儿？当官的什么时候变得这么幼稚了？"商鞅看到大家还在怀疑，就直接把赏金提到五十金。

我看这个当官的是疯了，谁会傻乎乎地相信他说的话！

这时候，有个人出来说："我就试试，看看当官的说话算不算数。"这人在别人的起哄声中把木头扛到了北门，商鞅直接赏给这人五十金。

随后这件事儿在百姓中就传开了，大家都说商鞅这哥们儿真讲信用，以后听他的肯定有肉吃。商鞅再次发布改革的新政，赏罚非常分明。王公贵族们的特权这次是真没了，百姓们一片叫好声。秦国也在商鞅实施变法后，粮食实现大丰收，军备力量得到提升，奠定了国富民强的基础。商鞅凭借自己的超凡能力，在秦国实实在在发挥了一把。

合纵连横

——出自《战国策·秦策》

秦国在攻打齐国前，准备设计拆散齐、楚这对战略"兄弟"，不然自己双拳难敌四手。秦王派张仪去楚国搞破坏。张仪来到楚国受到高规格的待遇，楚王都亲自接见了他。

等张仪吃好喝好，楚王问张仪："你为什么来楚国？"张仪也不客气，直接说自己来就是让楚国跟齐国断绝"兄弟"关系的，秦国这边会拿六百里土地作为补偿，另外还会把秦国公主嫁给楚王。楚王一听，心想：还有这好事儿呀，这比齐国开的条件好多了，可以让他少奋斗二十年。

楚国大臣中有个明白人——陈轸。他听出张仪这话有问题，就跟楚王说起了悄悄话："大王，您要是接住张仪给您画的大饼，最后会落个人财两空。最后齐国扭头去找秦国，再联合起来收拾咱们，到时候咱们连哭的地儿都没有哇！"

陈轸

您看这就是张仪给您画的饼。

楚王一听就急了，说："我不用花一分钱就能拿到六百里的土地，这多好的事儿！怎么到你嘴里就变味儿了？你闭嘴，我不要听你的。"陈轸很笃定地说，张仪肯定会要赖的，楚国拿不到一点儿好处。楚王气得差点儿要揍陈轸，用阴谋把陈轸给轰走了。

楚王回头就和齐国划清界限，说彼此之间就是一场误会，转头投向了秦国怀抱。等张仪再次出现在楚国时，对来迎接的使者说："秦国有六里的土地，可以送给楚王。"使者一听，心想：这怎么直接变味儿了呢？他急忙找楚王复命。楚王一听张仪这么不守信用，气得直接跟秦国干了起来。他哪里打得过兵多将广的秦国？再加上齐国对楚国的围攻，楚国八万军士直接撂这儿了。最后的最后，楚王不得不给秦国送上两座城池，才算熄了秦国的火儿。楚王这次真的是赔了夫人又折兵，被张仪当猴耍了一回。

我怎么就被张仪这个骗子给骗了呀，我的心都碎了呀！

小贴士

陈轸，战国时期纵横家。他凭借自己卓越的辩论才能，为齐国击退楚国大军，甚至张仪要陷害他，都被他巧妙地运用讲故事的方式化解了。即便是强大的秦王，也经常听他的主意，甚至还因此大败敌国。

书同文，车同轨

——出自《史记·秦始皇本纪》

嬴政将其他六国收编后，终于实现了统一天下的梦想。他自认为功劳超过三皇五帝，所以要用一个更响亮的称号来彰显自己——那就叫"皇帝"吧。嬴政称自己为始皇帝，后代们就是二世皇帝、三世皇帝……这有点儿像欧洲王室。当然，这只是秦始皇的一个美丽幻想，我们都知道秦国到二世就亡国了。

我就叫始皇帝，记住是"开始"的"始"，别给我弄错了。

嬴政

嬴政当上皇帝后，发现自己不认识其他国家的字，原来各国的计量单位也是乱七八糟，甚至自己的车太宽走不了其他国家的大路，统一后的"后遗症"都出来了。但是嬴政是改造国家的小能手，一系列改革操作下来，这些问题都解决了。

首先，全国统一用秦国文字，方便大家书面交流；然后规定车轮之间的距离必须是六尺，方便车辆来往；最后统一度量衡，这样买东西就不会缺斤短两了。

在嬴政热火朝天改造国家的时候，生活在北边的匈奴开始闹事儿了。这次嬴政没给他们撒野的机会，直接派出大将军蒙恬出征。蒙恬带着三十多万大军，浩浩荡荡地杀了过去，没费什么功夫就收了河套地区，还在这里设立了四十四个县。匈奴不仅打了败仗，还丢了地方，脸面也丢没了，只得灰溜溜地跑回老家。不久，嬴政又派出五十万人，将岭南地区纳入秦国的版图。

跟着我踏平天下，保证你们都有肉吃。

最终，秦国完成统一任务，设立了四十个郡。嬴政成为中国第一个完成统一的君王。

来庆祝一下我当上天下的皇帝。

小贴士

蒙恬，姬姓，蒙氏，名恬，祖籍齐国。他是秦朝著名的大将，有"中华第一勇士"的称号，更是我国西北地区最早的开拓者，古代开发宁夏第一人。相传，他因为对毛笔进行过改良，后被称为"笔祖"。

指鹿为马

——出自《史记·秦始皇本纪》

秦二世当上皇帝后，那脾气比他那老爹秦始皇还臭，动不动就打打杀杀。他为了完成他老爹遗留下来的两项大工程——阿房宫和万里长城的修建，征召了几百万的老百姓。百姓们不能下田劳作，又不得不给皇家打工，还得不到工钱，日子过得那叫个苦哇！

秦二世才不管那些，觉得天下是自己的，自己想怎么做就怎么做。他这一拨儿操作等于给自己掘坟了。秦二世身边有个大奸臣——赵高。这个赵高祸害人的本事无人能及。

　　赵高一当上丞相就把朝政把持在自己手里，一边哄着秦二世吃喝玩乐、盖房子，一边残害与他意见不同的大臣。他还培植了很多自己的心腹，想着有朝一日自己也能坐上皇位。这人野心可真大，秦二世就是个被蒙在鼓里的傻孩子！赵高想找出朝中不服自己的人，就想出一个特别荒唐可笑的办法。

赵高

　　一天，他把一只鹿牵到朝堂上，指着鹿说这是马。秦二世纳闷儿：赵高今天是疯了还是傻了，怎么分不清鹿和马？赵高看出秦二世已经蒙圈了，就说："大王您看您都不信我了不是。那您问问其他人，看这是什么？"

　　下面的大臣有的明白了赵高的意图，默不作声，有的为人正直说是鹿，有的不明白赵高的意思说了实话，还有的惯于奉承或慑于赵高的淫威说是马。

哈哈，连皇帝都听我的了，啦啦啦啦!

事后，赵高想办法把那些在朝堂上说鹿的大臣及其家人都杀了。你瞅瞅，这赵高心比煤还黑。秦二世这个傻憨憨就这么被赵高给控制了，秦国的国运也被赵高玩儿没了。这俩人被后人骂了千年，成了"遗臭万年"一词的代言人。

小贴士

赵高，本是赵国人，后入秦宫，秦二世时丞相。秦始皇死后，他和李斯合谋伪造诏书，将皇长子扶苏逼死，另立始皇幼子胡亥为帝。随后他独揽大权，结党营私，征役更加繁重，行政更加苛暴，后设计害死搭档李斯，又杀秦二世，另立子婴为秦王。后被子婴所杀。

王侯将相，宁有种乎？

——出自《史记·陈涉世家》

秦二世征召大量百姓给自己服徭役，百姓对这个皇帝恨之入骨，起义此起彼伏。其中动静最大的是大泽乡起义。

当时登封地区的一支队伍要赶到渔阳戍边。队伍中的陈胜和吴广是屯长，负责管理队伍。走到半路上，队伍遇到了大暴雨，眼看着就要误期了。当时秦国法律非常严苛，凡是过期到达的队伍一律杀头。这两个屯长一看这形势，心想：这去了是死，逃走也是死，横竖都得死呀。二人心一横，干脆起义吧。

俺可不想就这么死了，太窝囊了，咱们起义吧！

陈胜

吴广

两位屯长一合计，打算借着公子扶苏的名义获得大家的支持。起义必须有个由头，吴广想了一个办法，把写了"陈胜王"三个字的丝帛塞进别人网来的鱼的肚子里。吃饭的时候，有人从鱼肚子里吃出来字条，一看写着"陈胜王"三个字，以为这是天意。当天晚上又有人听到类似狐狸的声音说："大楚兴，陈胜王。"

大楚兴，陈胜王。

第二天，大家看到陈胜就像看到救世主一样，满眼都是崇拜的星星。此时陈胜觉得火候差不多了，直接杀了押送的官兵，高声宣布："胡亥为人残暴，不把我们当人看，我们应该起来反抗，为自己的人生奋斗。那些王侯将相，难道天生就比我们高贵吗？"当时一呼百应，大家都表示自己愿意跟随屯长奋斗。

　　陈胜给自己的起义军起名为"张楚"，队伍所到之处，受到百姓的夹道欢迎。原来六国的百姓也纷纷扛起起义的大旗。陈胜逼近关中和咸阳时，秦二世才反应过来，急忙调集大批的囚犯、奴隶，临时组成一个杂牌军队，对起义军发起围攻。此时，六国起义的军队各怀心思，居然没有一个主动出来帮陈胜、吴广的。最后，起义军失败，吴广被部将假借陈胜的命令杀死，一代英雄就此陨落。

陈胜带着剩余部队继续抗秦，战败后被自己的车夫杀死。如此轰轰烈烈的农民起义就这样惨淡收场了。

小贴士

陈胜、吴广起义，又叫作大泽乡起义。大泽乡起义是中国历史上第一次大规模的农民起义，从根本上动摇了秦王朝统治，为项羽、刘邦灭秦创造了有利条件，在中国农民战争史上占有重要地位。

鸿门宴

——出自《史记·项羽本纪》

项羽带领自己的兄弟们向咸阳挺进，此前项氏拥立的楚怀王说了"谁先进咸阳城谁就是王"。可是项羽万万想不到，自己会被堵在函谷关，让刘邦捷足先登了。刘邦的操作着实让项羽着急上火。项羽要带着人找刘邦算账，心想：一定要给刘邦一点儿颜色看看。

项羽

刘邦这个乡巴佬儿居然敢占我的功劳，看我怎么收拾他！

项羽的叔叔项伯跟刘邦身边的谋士张良关系很好，连夜找到张良，说了项羽要打刘邦的事儿，劝张良快跑。张良扭头就把这事儿向刘邦汇报了。

第二天，刘邦带着百十号人来鸿门，打着道歉的名义找项羽。刘邦见到项羽直接扑通一声跪下，行完大礼后，开始痛哭流涕地"表演"："弟弟，我不是故意要进咸阳的呀，只是帮弟弟守住咸阳。当哥哥的怎么会抢弟弟的东西呢？"刘邦一番掏心掏肺的哭诉，终于"打败"了项羽。

项羽直爽地说："哥哥，你误会了。是你那边的曹无伤说你想当王，不是我想生你气呀。"一句话就把别人给卖了，项羽的智商快把身边的范增气死了。

刘邦被项羽扶到酒桌上，二人开始对饮。范增心里窝火呀，知道刘邦在给项羽灌迷魂汤。他不停地挥舞着手里的玉玦，提醒项羽动手，项羽直接选择"失明"。

没办法了，范增暗中安排项庄舞剑助兴，想趁机杀了刘邦。这边项伯一眼看出了猫腻，自己也拔剑舞起来，故意挡住刘邦。张良看到这俩人拿着剑在自己主公面前比画，心脏都快跳出来了。他转身出去找武将樊哙，让樊哙进去帮忙。

你……你赶紧进去，他们拿着剑在咱们主公鼻子尖乱比画，我怕呀。

樊哙

张良

樊哙进来后，刘邦趁机说自己要去厕所，偷偷溜回军营，把张良留下善后。张良跟项羽说："我家主公不胜酒力，已经回去了，让我替他给您献几件宝物谢罪。"项羽高高兴兴收了礼，范增气得直接把东西摔了，骂道："你这小子，我告诉你，拿下天下的人肯定是刘邦，你就等着哭吧。"

小贴士

范增，秦末项羽的谋士，被尊为"亚父"。范增善于计谋，是项羽的重要谋士。在鸿门宴后，因为刘邦谋臣陈平的离间，范增遭到项羽的猜忌，愤而离去，死于回乡途中。

霸王别姬

——出自《史记·项羽本纪》

此时此刻的项羽跟"霸王"这个词沾不上一点儿关系了，楚营已经被刘邦大军围得像铁桶一样。项羽愁得呀，只能不停地喝酒。他看着自己身边娇艳如花的虞姬，心中突然升起一种悲伤："虞姬呀，你说你这样的一个美人儿，最后却要跟我一起去送死，想想就心疼你呀。让我给你高歌一曲吧。"说着操着五音不全的嗓子就开始唱。虞姬在一旁泪汪汪地看着自己深爱的男人，心想，自己要跟着这位英雄共赴黄泉，至死不渝。随后虞姬拔下项羽的佩剑，抹了自己的脖子。项羽抱着虞姬的尸体大哭起来，真不知道他是哭自己还是哭虞姬呀！

我还没说投降呢，你怎么这么着急呀！

虞姬

项羽在虞姬死后，更是没有了牵挂，准备带着人马突围。刘邦这边发现项羽已经跑路了，急忙派人追了过去。

项羽跑到阴陵一带，把自己都跑丢了。他问路上一位老者，老者看到是项羽，气儿就不打一处来，指着一个方向说："你往那儿走吧。"项羽一路猛蹿，结果直接蹿进沼泽地。好吧，这次是寸步难行了。

项羽带着这几个兵跑到乌江边，乌江亭长劝项羽："大王，您带着兵赶紧回江东吧。留得青山在，不怕没柴烧。您别硬

扛了。"项羽脖子一梗说："当年我带了八千人闯荡，现在就剩这几个人了。我没脸回去了，回去了，别人也是可怜我，我不需要别人可怜。"说着还把自己的马送给亭长。

大王，赶紧过江吧，别逞英雄了。

乌江亭长

项羽居然让士兵们都下马，跟刘邦的汉军打赤膊战。这人也是生猛，一下子就打趴几百人。可惜双拳难敌四手，项羽最后还是败了。不过项羽不想被活捉，直接自杀了。

小贴士

亭长，秦官名，属于低于县二级的行政建制长官，秦、汉时每十里设一亭，掌治安警卫，治理民事，兼管停留过客，相当于中央官署中最低级的事务员。

成也萧何，败也萧何

——出自《史记·淮阴侯列传》

"成也萧何，败也萧何"是什么意思？这还得从西汉开国大功臣韩信说起。话说，韩信在中国古代军事家中可谓是首屈一指的高手。韩信这个人从小就想出人头地，所以经常研究兵法，希望有朝一日可以大展身手。公元前209年，陈胜、吴广二人起义，项梁和项羽叔侄在会稽响应。韩信听到消息觉得自己转运的机会到了，急忙去投奔项梁。谁知项梁在一次战斗中死了，韩信瞬间没了大靠山，只好跟着项梁的侄子项羽干。

韩信有事儿没事儿就喜欢在项羽跟前刷存在感，帮项羽想了很多好点子。可惜，他这一拨儿存在感刷得不到位，项羽一直看不上他。于是，当项羽的死对头刘邦来到南郑的时候，韩信就借机跑到刘邦的麾下了。

然而，刘邦因为韩信曾是项羽的小弟，根本不愿意搭理他，就让他去看管军粮。韩信心里苦哇，想自己怎么也是一方志士，如今居然做了这看粮食的活计，心碎了一地。

不过，韩信在看粮草的过程中结识了刘邦身边的谋士萧何。萧何和韩信多次聊天后，看到了韩信非凡的才能和见识，准备向刘邦推荐韩信。然而，韩信是个急性子，他以为萧何已经跟刘邦推荐自己了，自己却未得到重用，肯定是刘邦瞧不起自己，于是觉得自己在刘邦这里也没有出头的日子，决定脚底抹油——开溜。

呜呜呜，这里没人喜欢我，我还是走吧！

萧何发现韩信偷跑了，一下子就急了，亲自上马去追，一直追了两天两夜才把这个人才给追回来。这时，韩信才知道萧何还没来得及跟老大反映自己的情况，于是又跟着萧何回到刘邦军营。刘邦知道萧何去追韩信的事儿后，生气地对萧何说："那么多逃兵都没见你去追，居然去追一个看粮食的小官！"萧何可不惯着刘邦："韩信这样的人才不可多得呀。你要争天下，还就得靠人家韩信！"然后把韩信的才能向刘邦娓娓道来。

刘邦听了萧何的话，说："我打算往东走，不可能一直停留在这里。"萧何抓住机会说："大王要往东走，假如重用韩信，他一定会尽全力帮助你的。如果不重用他，最后他还是要跑的。"刘邦一听这人对自己如此有用，挑了个好日子接韩信回军营，册封他为大将军。果不其然，之后韩信一路立下汗马功劳，扩大了刘邦的势力范围，为汉朝的建立打下基础。

刘邦坐上皇位后，册封韩信为汉王，但是不久后借机剥夺了他手中的兵权。这时候韩信才反应过来，刘邦打心眼儿里是嫉妒自己的才能的。他觉得自己在刘邦这边再也没有用武之地了，随后便暗地里和陈豨勾结在一起，准备造反。

公元前197年，陈豨率先起兵造反，刘邦不得不御驾亲征。韩信则趁机联合家臣，计划假传刘邦的命令，释放犯人，同时逮捕吕后和太子。吕后提前得到消息，找到萧何商量对策。韩信本来就是萧何推荐到刘邦麾下的，面对韩信的造反，萧何也不得不选择自保，和吕后商量出对付韩信的计策。萧何他们先是放出陈豨被抓的假消息，再以庆功的名义邀请韩信进宫赴宴。萧何怕韩信不相信，还亲自登门邀请说："我知道你身体不舒服，但这毕竟是皇家邀请，你还是去一下比较好。"

韩信觉得萧何不会欺骗自己，就赶到长乐宫赴宴，不料刚进门就被抓了，直接被拖到宫外斩首了。

韩信的成功多亏萧何的赏识和推荐，而韩信的失败也源自对萧何的信任，所以说"成也萧何，败也萧何"。

小贴士

长乐宫是古代汉族宫殿建筑的代表，和当时的未央宫、建章宫同为汉代三宫。汉高祖刘邦在位时曾居于此，汉高祖之后它成为太后的居所。其名字有"长久快乐"之意，面积相当于八个北京故宫。

苏武牧羊

——出自《汉书·李广苏建传》

　　在苏武完成出使匈奴的任务准备返回汉朝时，匈奴起了内讧。单于把苏武给扣了，还说："你不就是一个芝麻绿豆那么大点儿的官吗？你要是来我这边，我绝对给你享受不完的荣华。怎么样？投靠我吧！"苏武却说："啊呸，让我投靠敌人，想都不要想。"

让我投靠敌人，想都不要想！

苏武

单于

　　单于气得火冒三丈，想出来一个损招儿。他把苏武带到最北方——那里十分寒冷，又没吃的——想用这招儿逼苏武投降。苏武不愧是民族气节的表率，饿了吃草根，渴了吃几口雪，就是不投降。

这边在温暖大帐篷里优哉地等着苏武投降的单于，想看看苏武这硬骨头软了没有，就派卫律劝说苏武归降。可卫律不管怎么跟苏武画大饼，苏武也不松口。最后逼得单于实在没辙了，决定将苏武流放到北方。临行前，单于对苏武说："你给我放羊去，只要它生出小羊羔子，你随时回你的汉朝。"

单于让人把苏武带到今天的贝加尔湖一带去放羊。苏武到了这儿才发现，单于在故意刁难他——给他一大群公羊，这能生出小羊羔子来？面对这种残酷的境遇，苏武也丝毫没有退却，每天放牧。

在这么恶劣的地方，苏武顽强地生活了十九年，始终没有变节。

后来汉武帝和老单于都离世了，匈奴也没了当年咄咄逼人的气势，这才开始主动和汉朝交好。汉朝要求匈奴放了苏武，匈奴终究还是答应了。

公元前81年，苏武终于回到自己阔别多年的家乡。长安城中的百姓纷纷下跪，迎接这位有气节的汉朝使臣。

小贴士

贝加尔湖，中国古称"北海"，今位于俄罗斯东西伯利亚高原南部，是世界最深和蓄水量最大的淡水湖。贝加尔湖曾经一度是我国的内陆湖，在清朝时期，它被割让给沙皇俄国。

投笔从戎

——出自《后汉书·班超传》

汉光武帝重新把老祖宗的基业拿回来后，邀请班彪一家子过来给自己修历史，好让自己名留青史。班彪带着儿子班固、班超和女儿班昭来到都城，领了皇帝布置的任务。后来班彪去世，班固接过接力棒继续写《汉书》。班超和班昭打打下手，帮哥哥做一些抄抄写写的工作。班固性格沉稳，喜欢研究历史，而班超性格刚猛，喜欢舞刀弄枪，不喜欢做这种伏案的活儿，就想着有一天可以上战场杀个痛快。

一日，班超在工作时听说北方匈奴又来骚扰，顿时火

085

冒三丈，把笔一扔说："男子汉怎么可以坐这儿干这些活儿？我要上战场打仗去。"随后上书皇上，投笔从戎。

我要去打仗，
你们谁也别拦着我。

班固

班超跟着窦固出兵匈奴，窦固让班超做通信员联系西域各国，一起对付匈奴。班超带着三十六个小跟班来到鄯善，打算说服鄯善王和汉朝合作。刚到的时候，鄯善王还算客气，怎奈没几天，鄯善王就开始不搭理他们了。班超一想就知道匈奴那边也派使者过来了，这鄯善王肯定要出幺蛾子。鄯善王这边的人过来送吃的，班超故意套人家的话。这仆人也是个老实人，一张嘴就说漏了："匈奴的使者已经过来三四天了，就住在三十里外的营帐里。"班超当下就把仆人给扣下用绳子绑了，防止他逃走。随后他带着手下准备突袭匈奴使者。

就知道你们那个头儿一肚子心眼儿。

匈奴使者

当天晚上，班超带着部下来到匈奴使者帐外。趁着风势，几个部下开始在军营中放火，其他人跟着班超一起击鼓呐喊。匈奴军营顿时乱成一锅粥，都不知道发生了什么事儿，慌乱之中还有把自己人杀了的。班超带着部下和匈奴使者打成一团，很快就把敌人消灭了，班超这边的人连一根汗毛都没掉。这作战能力可是钻石级别的。

放火的　　　　　　　　　　助威的

匈奴的使团被班超搅和了，鄯善王看自己也没办法善后了，不得不和汉朝合作。班超回到汉朝后，多次带兵进攻西域，为汉朝立下大功。

今鄯善县是一座历史古城，属于新疆吐鲁番市；古为鄯善国地，鄯善是古丝绸之路上的交通要道。鄯善县西汉时属狐胡国地，东汉时狐胡国并入车师国。在历史上有众多民族在此繁衍生息，所以这里形成了浓郁的异域风情和文化。

三顾茅庐

——出自《三国志·蜀书》

　　徐庶和司马徽都向刘备推荐诸葛亮，说诸葛亮是难得的人才。刘备求贤若渴，二话不说带着关、张二兄弟乐颠颠地去请。谁知道诸葛亮不轻易出山，他们第一次去就吃了闭门羹。诸葛亮的书童说："先生没在家，不知道什么时候回来。"刘备只能说明来意，表示过几天再来拜访，暗地里留人盯着诸葛亮家的大门。

我看你到底是不是在家。

刘备

　　过了几天，探子回来告诉刘备说诸葛亮回来了，刘备赶紧备马车出发。一路上张飞嘟嘟囔囔地说："这个乡下人，

089

还值得让哥哥你亲自上门，直接派人去请不就行了？"刘备急忙打断他的话，说："不能无礼。诸葛先生是有名的贤者，怎么能随便派人去请呢？"张飞只好闭嘴，脸上表情还是气呼呼的。

抓紧时间过去，不然又得吃诸葛亮的闭门羹。

张飞

当时正是寒冬腊月，一路上把刘备他们冻得喷嚏连天、鼻涕横流。别看张飞长得五大三粗，那是一点儿不禁冻啊，上下牙一直在打架。

"哥哥呀，太冷了！"张飞一边擦鼻涕一边哆哆嗦嗦地说。刘备则说："这天气去拜访可见诚意，怎么能回去呢？"当刘、关、张三人再次到来，书童出来一拱手对他们说："哎呀，实在不巧，我家先生与朋友相约外出闲游去了。"刘备只能留下字条，找机会再来。

等到春暖花开的时候，刘备准备再去隆中。张飞这急脾气上来了，说："我直接过去用绳子把诸葛亮捆回来就是了。"刘备说："不能这么粗鲁无礼。古代齐桓公拜访东郭野人，去了五次才见面，我们这不过是第三次。你不去，我就带关羽去了。""我去我去。"张飞急忙跟了上去。

三人第三次来时恰巧诸葛亮在睡觉，刘备就带着人在门口安静地等着。张飞说："这人怎么这么没礼貌，信不信我让他睡不成？"看到张飞要撒泼，刘备上去把张飞抱住，让他安静一会儿。

他们站了三个多小时，诸葛亮才缓缓从屋里出来，邀请三人进屋一叙。刘备和诸葛亮就天下形势讨论了一番——长话短说，诸葛亮最终答应出山帮助刘备。

小贴士

在《三国演义》中，刘备、关羽和张飞三人为了共同干一番大事业，在桃花绚烂的园林举酒结义，对天盟誓，"有苦同受、有难同当、有福同享"，共同实现人生的美好理想。这就是著名的"桃园三结义"。

司马昭之心，路人皆知

——出自《三国志·魏书四》

魏少帝曹芳被废后，新帝曹髦被扶上王位，成为司马家的新傀儡。朝中重权还是把持在司马家的手中。司马师死后不久，其弟司马昭成为魏国大将军。司马昭在任期间，平定了诸葛诞的叛乱，他甚至认为魏国的靠山就是他们司马家。在朝中，司马昭更是目中无人，天天摆出一副自高自大的嘴脸，大小事儿都是自己做主，从来不把皇帝当回事儿。

司马昭

曹髦觉得自己这个皇帝做得太憋屈了，于是找到心腹大臣——王经、王沈和王业，对他们说："司马昭之心，路人所知也。”皇帝与三位大臣一同商量杀司马昭的事儿，结果三位大臣都是大屄包，一听到皇上要杀司马昭直接腿软了，都劝曹髦不能这么干。曹髦不管大臣怎么说，自己打定主意要杀了司马昭。曹髦没想到，王沈、王业二人竟然背叛了自己，他们转身就向司马昭告密了。当曹髦带着兵器、领着童仆出宫门时，被司马昭的部下贾充拦住了。

曹髦摆足了架子大声骂道：“好你个贾充，居然敢挡天子的道儿，你不想活了！”这一嗓子还真管事儿，吓得贾充手下的士兵动也不敢动一下。不过贾充可不怕这个没实权的皇帝，他对手下说：“这个皇帝居然还能唬住你们，不知道这魏国是谁说了算吗？”

副将成济吓得抖如筛糠，问：“统帅，您说怎么办，杀了还是活捉了？”贾充一挑眉，嘴巴一歪，做了个抹脖子的动作。成济只能闭着眼、咬着牙，冲过去把曹髦杀了。

贾充

司马昭听闻曹髦死了，还假惺惺地哭了几声，其实心里已经乐开了花。为了掩盖事实真相，司马昭找到陈泰商量善后的办法。陈泰说："大将军，您得找个替罪羊，不然百姓会议论的。"

大将军，您找个替罪羊出来给您挡挡灾。

陈泰

司马昭实在是不想找替罪羊，毕竟贾充和成济都是自己的好帮手，手心手背都是肉。掂量了半天，司马昭觉得手背成济的肉更薄一点儿，就把罪责都推在成济身上，把成济杀了。

成济给司马昭背了黑锅，曹髦的事儿就算过去了。曹奂被推上帝位，司马昭继续把持朝政。

小贴士

司马昭，字子上，祖籍河内温县（今河南省温县西南）人。三国时期曹魏权臣，西晋王朝的奠基人之一。为晋宣帝司马懿与宣穆皇后张春华次子、晋景帝司马师之弟、晋武帝司马炎之父。

愚蠢皇帝

——出自《晋书·帝纪第四》

　　说起司马家族，司马懿在世时，整个家族出了多个权术家、谋略家，培养了多个枭雄和权臣，而到了司马炎的儿子司马衷这一代，司马家的智商已经快下降成负数了。

　　司马衷天生蠢笨，司马炎常常为此犯愁，一直担心这个儿子守不住家业。为了测试儿子的智商，司马炎煞费苦心。有一次，他出了几道问题让儿子作答，还给儿子宽限了三天时间。司马衷拿到题目后，全不会答。他的妻子贾南风很是泼辣，但人很聪明，见自己的丈夫不会答题，担心太子之位不保，就找来几名高才生为司马衷答题。司马炎看了儿子交上来的答卷后满意地笑了，认为儿子并不像人们说的那样蠢笨，从此打消了另立太子的念头。

司马衷

老天爷，天这么热，
怎么不给我下点儿雪呀？

司马炎去世前，放心不下自己的儿子，就让杨骏和司马亮共同辅政。司马炎去世时，只有杨骏在身边。杨骏为了独揽大权，捏造了一份诏书，抹掉了司马亮的名字，只让自己成了辅政大臣。司马衷继位，史称晋惠帝。

一年夏天，司马衷带着跟班去园林里玩儿，听到池塘里青蛙呱呱地叫，惊奇地问："池中正在鸣叫的东西是什么？"跟班说："那是蛤蟆。"

"那它是在为官家叫，还是在为私人叫？"

跟班想了想，不知如何作答，只好说："在官家里叫的，就是为官家叫；在私家里叫的，就是为私人叫。"

这东西是官家的，还是私家的？

有一年闹灾荒，老百姓没饭吃，多个州郡都有饿死人的情况，大臣将各地灾情向司马衷汇报，要求朝廷开仓放粮救济灾民。司马衷却说："灾民没米吃，那他们为何不吃肉呢？"大臣一听，哭笑不得。灾民连米都吃不上，哪里有肉呢？

灾民没米吃是吧，都改为吃肉，这个事儿就这么定了。

贾南风想独揽大权，就与汝南王司马亮和楚王司马玮联手，让两王带兵入京。司马玮安排人举报杨骏谋反，贾南风和司马玮乘机除掉了杨骏。贾南风掌控朝廷大权，先后除掉了几位大臣，又废掉并逼死太子（不是贾南风所生）。司马家的王爷们可坐不住了，看着这位愚蠢的皇帝，谁都想篡夺皇位。野心勃勃的王爷们终于有借口谋反了，这就是历史上著名的"八王之乱"。

皇位是我的，
皇位是我的……

小贴士

贾南风貌丑善妒，心肠歹毒，特别喜欢耍一些小手段。她玩弄权术，成功当上了皇后。当上皇后后，她不仅残害忠良，还纵情享乐。在历史上，贾南风可谓臭名昭著。

八王之乱

——出自《晋书》

晋惠帝司马衷在位的时候，国家已经乱成一团。司马氏的几位诸侯为了皇位，互相争夺，最后司马衷被诸侯毒死。参与争夺政权的诸侯其实不止八位，但其他人没有八王影响力大，所以这场混战被世人称为"八王之乱"。这八位诸侯分别是汝南王司马亮、齐王司马冏、河间王司马颙、长沙王司马乂、楚王司马玮、成都王司马颖、东海王司马越、赵王司马伦。

291年，杨骏死后，汝南王司马亮和大臣卫瓘成了新一任的辅政大臣。贾皇后对此并不满意，因为权力没有完全落

在她手中。京城禁军的兵权在楚王司马玮手中，司马亮和卫瓘想办法夺走了司马玮的兵权，又把他遣返回了封国。

司马玮怀恨在心，投靠了贾南风。贾南风正缺少帮手，她马上封司马玮为太子太傅。贾皇后假传诏书宣布司马亮和卫瓘企图谋反，命令司马玮带兵杀了司马亮和卫瓘。

贾南风

司马玮

小玮，你来得正是时候哇。

之后，贾南风担心司马玮知道太多内情，当众指认司马玮伪造惠帝诏书，陷害汝南王和卫瓘谋反。司马玮这时才明白"狡兔死，走狗烹"的道理，稀里糊涂地被问斩了。

你知道"狡兔死，走狗烹"的理儿吧？只怪你知道得太多，只能让你死了。

司马玮死后，贾南风的势力达到巅峰，她的亲信遍布朝野。贾南风陷害太子司马遹，太子最后死在金墉城。司马伦和孙秀联合其他大臣，除掉了贾南风和她的亲信。

301 年，司马伦取代晋惠帝当上了皇帝，然而他的德行不好，导致整个朝局更加混乱。河间王司马颙、成都王司马颖和齐王司马冏几个诸侯不服气，决定联合起来造反。交战两个多月，司马伦及其党羽被杀。然而，司马冏掌控政权后开始花天酒地，朝局再次陷入混乱之中。

司马颙怂恿司马乂对付司马冏。没想到司马乂真的把司马冏打得落花流水，出乎意料取得完胜。司马颙傻了眼，眼看政权落入司马乂手中。303 年，司马颙联合成都王司马颖，带兵二十七万进攻洛阳，用火烧死了司马乂。

在几位诸侯王的争权过程中，晋惠帝始终只是个政治工具，皇帝的身份有名无实。晋惠帝死后，司马越拥立司马炽为晋怀帝，完全掌控了朝政。

司马伦

"八王之乱"给西晋政权带来了恶劣影响，少数民族政权趁乱进入中原地区，内外战乱不断，百姓生活苦不堪言。

小贴士

"八王之乱"是中国历史上最为严重的皇族内乱之一，当时社会经济遭到严重的破坏，导致了西晋亡国以及近三百年的动乱，使之后的中原北方地区进入十六国时期。

闻鸡起舞

——出自《晋书·列传第三十二》

西晋末年，朝政腐败，匈奴借机南侵。范阳人祖逖是个有志青年，志向远大，一心想着为国效力，学当年的卫青驱逐匈奴。

祖逖小时十分淘气，不爱上学读书，成年后，他才意识到没有知识寸步难行，于是开始发奋读书。他阅读了大量的史书和兵法，汲取了丰富的知识，学问有了明显长进。祖逖二十四岁时，朝廷有贵人举荐他做官，但被他谢绝了。祖逖认为自己应趁年轻多读书，做好知识储备。

先学习，后做官。

祖逖

祖逖与刘琨是志同道合的好友，都渴望建功立业、收复失地，成为国家有用之才。祖逖常说："如果有一天能够从军参战，我们一起去中原，扫平匈奴贼寇，保家卫国。"

一天后半夜，祖逖听到荒野有公鸡在鸣叫，便起身一脚把刘琨踹醒，说："我们干脆以后以鸡叫为号，只要听到鸡叫就起床练剑好吗？"刘琨十分赞同，两人起床，在夜色中刻苦练剑。春夏秋冬，时光荏苒，两人雷打不动，坚持闻鸡舞剑，成了智勇双全的将才。祖逖被任命为镇西将军，刘琨被任命为征北中郎将。

刘琨

313年，祖逖带领小股部队北伐。祖逖到了江北后，赢得民众响应，很快组建了一支几万人的军队。他的队伍纪律严明，战士爱护百姓，作战勇猛，深受北方军民的拥护。数年间，祖逖的大军收复长江以北至黄河以南的大片失地，成功抵御了匈奴人的南侵。

杀呀……

祖逖还想渡黄河北进，朝廷却另派人做了大都督，北伐的计划被取消了。同时，祖逖又得知朝堂内部酝酿政变的消息，不禁心寒悲愤成疾。他临死时还一心惦记着国事。

淝水之战

——出自《资治通鉴·卷二百九十二》

前秦苻坚的秦军沿淝水西岸列兵布防，晋军不能渡河西击。秦、晋两军列于淝水两岸，一时相安无事，但对于晋军来说，秦军毕竟实力强大，隔河对峙终是一大威胁。

秦军闭门不战，这如何是好？

谢石

苻坚想速战速决，就派前秦尚书朱序前去劝降谢石，朱序却私下提示谢石应主动出击，打败前秦的先锋部队。他说："别看秦军号称百万，但大部队还在后方，如果等秦军兵力集中起来，晋军根本没有胜算。现在应趁秦军还没全部抵达战场，迅速发动进攻，只要能击败其前锋部队，挫其锐气，必能战胜秦军。"谢石认为朱序的话很有道理。

于是，晋军派使者对前秦的大将军苻融——苻坚的弟弟说："将军率领百万雄师来攻打晋国，却据河坚守，龟缩不战，展现了秦国将领的鼠威！如果将军还敢再战，就请你们后撤一箭之地，留出一块空地当战场，让我军渡过淝水，一决胜负！"

秦军诸将不理解晋军要求秦军后撤的深意，只有苻坚面带奸笑说："稍退何妨！我军后撤，趁晋军渡河的时候，来他个急行军'半渡而击之'，将晋军一网消灭于淝水中，岂不妙哉？"苻融也表示赞同。

将计就计，来他个半渡而击之。

苻坚

383 年，淝水之战爆发。苻坚亲自指挥作战，一声后撤号令，三军争相西撤。

对岸的谢氏叔侄正在观察敌情，见秦军后撤，立即命胡

彬率领一万名水军驾船由深水滩渡河，刘牢之率领一万骑兵由浅水滩冲向敌军。两支先锋部队就像两把利剑直刺对方要害。苻坚见晋军过河迅猛，急召兵士拦截。秦将张蚝吃过败仗，心中发虚，加上由步兵临时改编的水军战斗力并不算强，秦军失利。晋军强行上岸，保住滩头阵地。

苻坚没有摸透自家兵将的心思，这些兵多半是被强征来的百姓，谁也不愿意为秦王卖命，一声撤令，人心涣散，再也叫不住。正是"兵败如山倒"！秦军将士起了内讧，大喊："秦军败了！秦军败了！"秦军一片混乱，完全失去了控制，苻融在混乱中被晋军活活砍死。苻坚无奈，带着残兵败将专拣野路逃跑，一路上丢盔弃甲，狼狈不堪。秦军的残余听到风声和鹤的叫声，惊吓得以为是晋军的追兵。成语"风声鹤唳"由此而来。

追兵来了，追兵来了！

淝水一战，晋军收复了寿阳，俘虏了前秦淮南太守郭褒，苻坚中箭逃回洛阳。

小贴士

"风声鹤唳""草木皆兵"的成语典故是由淝水之战的故事而来的，是把风声、鹤鸣声当成了敌人追赶的脚步声，把一草一木也看成了敌人的军队，形容惊慌恐惧时疑神疑鬼。

杨坚建隋

——出自《隋书》

杨坚就是隋文帝，隋朝的开国皇帝。他的老爹杨忠曾是西魏和北周的大将，在北周武帝时，官至柱国大将军，封为隋国公。杨坚承袭父爵，文德武功兼备，论战功、论名望、论权势，没有一人能与他匹敌。北周静帝知道自己早已名存实亡，就把帝位让给了杨坚。

这个位子你坐更合适。

VIP
北周静帝

VVVVVVIP
杨坚

杨坚登基后，国号为大隋，改元开皇。此后，他又亲自率领军队南征北战，终于结束了西晋以后的分裂局面，重新统一了中国。

魏晋南北朝时期，连年征战，生灵涂炭，经济萧条。杨坚统一全国之后，大搞经济建设，志在富民强国。他勤政爱民，作风勤俭。据说，他平时吃饭只让上一道肉菜。上行下效，勤俭节约蔚然成风。王公大臣以穿布衣为荣，以穿绫罗绸缎为耻。

杨坚确立以三省六部制为核心的中央官制。三省，即尚书省、门下省、中书省；六部，即吏部、礼部、兵部、刑部、户部、工部。改行州、县二级制，减少了政府机构和人员，

减轻了百姓的负担。

在南北朝分裂混战中，各地抛开了统一的货币和度量衡，推行各自的标准。为了促进经济繁荣，杨坚又一次统一了货币和度量衡，为隋朝的经济繁荣奠定了基础，这个时期在历史上被称为"开皇盛世"。

以后全国都要用政府规定的斗。

小贴士

杨坚还开了科举制度的先河，他废除了以前选官用的九品中正制，选官不再问门第。规定各州每年向中央选送三人，参加秀才、明经等科的考试，合格者录用为官。科举制度顺应了历代庶族地主在政治上得到应有地位的要求，缓和了他们和朝廷的矛盾，使他们忠心拥戴中央，有利于选拔人才，对封建专制中央集权的巩固起了积极的作用。

玄武门之变

——出自《旧唐书·卷二》

李渊有四个嫡子，李世民排行老二。在四个嫡子中，李世民最有本事。

618 年，李渊四个嫡子中的老大李建成被立为太子，老二李世民被封为秦王。唐朝建立之后，李世民坚持常年在一线带兵，招揽了大量的谋士和将才，其势力明显超过了李建成。

李建成心里很是不爽，感觉到威胁的存在。于是，他就伙同三弟齐王李元吉密谋陷害李世民，但几次均未成功。

为了削弱李世民的势力，李建成、李元吉兄弟俩想尽办法拉拢和收买李世民的勇将。李世民身边最有名的勇将是"黑

胖子"尉迟恭，李建成用金银器皿收买他，但他丝毫不动心。李建成派人刺杀他，却以失败告终。李建成、李元吉又诬告尉迟恭谋反，最后李世民出面求情才免了尉迟恭的罪。房玄龄和杜如晦是当时两位有名的文士，和李世民走得近，李建成和李元吉故伎重施，在老爹面前说他们的坏话，两人被撤了职。

大老黑，如果跟了太子，这都是你的，让你享尽荣华富贵。

尉迟恭

李世民明知建成、元吉兄弟俩在背后使坏，但看在手足亲情的分上，没有听身边人及舅舅的劝告对他们采取先发制人的措施。当有人报告说那兄弟俩已经设下毒计想要害他时，李世民按捺不住了，决定先下手为强。于是，他连夜调兵遣将，谋划行动方案，做好准备。

第二天，也就是 626 年 7 月 2 日，李建成和李元吉一起骑马上朝，走到玄武门，两边的大门同时关上，李世民一箭

射死李建成，李元吉想逃，被迎面追来的尉迟恭打死了。这就是历史上有名的"玄武门之变"。

这下可完了。

事件发生后，高祖为了稳定政权，立李世民为太子。不久，李世民接替了老爹的皇位，他就是历史上赫赫有名的唐太宗。他励精图治，开创了"贞观之治"，将大唐打造成当时世界上第一强国。我们所说的"秦皇汉武、唐宗宋祖"中的"唐宗"就是李世民，可见在历代有建树的皇帝中，他是第一梯队的。

小贴士

唐太宗即位后，于武德九年（626）十月初一下诏书，追封已故太子皇兄李建成为息王，谥号为隐，是为息隐王，史称"隐太子"；追封皇弟齐王李元吉为海陵郡王，谥号为刺，是为海陵刺王，后改封巢王，以皇家丧礼重新安葬。

玄奘西行

——出自《大唐西域记》

玄奘，俗称"唐僧"，本姓陈，名祎，出生在隋朝，很小就做了和尚。他聪明好学，潜心学习佛法经文。佛教的"三藏"包括经、律、论，精通此三者的就被称为"三藏"法师，玄奘故称"唐三藏"。

唐朝初年，玄奘开始遍访名寺高僧，虚心求教，讨论佛学。他在走访过程中，发现各地使用的佛学书本多是"盗版"，内容不全而且混乱，观点扭曲。为了获得"正版"的佛经，玄奘决定去佛教的发源地天竺走一趟。

这"盗版"害人不浅，我们要支持"正版"。

玄奘

629 年（一说贞观元年），玄奘经凉州出玉门关西行赴天竺。

从大唐到天竺，一路上走过沙漠，爬过高山，虽然领略了大自然的美景，但也吃了不少苦头。但玄奘意志坚定，走了一年多，才来到天竺。

> 此次西行一路山高路远，你们可要有思想准备。

天竺的"佛教研究协会"就在摩揭陀国的那烂陀寺，那是研究佛学最权威的地方。那烂陀寺的住持听说玄奘是从东土大唐远道而来的高僧，非常钦佩，于是破格收玄奘为弟子，给他讲解佛教顶级的心法秘籍。玄奘不分昼夜地学习，几年后，学有大成。

据说，有一次，戒日王举办佛法辩论会，有十八个国家的领导人和三千多名学者参加，玄奘在会上侃侃而谈，令所有在场的观众折服。戒日王很是欣赏玄奘，想留他在天竺，但被玄奘拒绝了。

645 年，玄奘终于回到长安，城内僧俗列队欢迎。唐太宗得知玄奘回国的消息后，特命宰相房玄龄把玄奘接来与自己一叙。那些奇闻逸事让唐太宗听得津津有味。

664 年，玄奘病逝于玉华寺。他与人合写的《大唐西域记》，以及他翻译的佛经著作均成为中华民族的文化瑰宝。

　　玄奘口述西行见闻，由弟子辩机辑录成《大唐西域记》十二卷。这部书主要讲述了玄奘西行所见各国的地理位置、佛教古迹、有关历史传说和当时佛教情况等，没有什么故事。他的弟子慧立、彦悰撰写的《大唐大慈恩寺三藏法师传》，则为玄奘的经历增添了许多神话色彩。从此，"唐僧取经"的故事便开始在民间广为流传，为《西游记》的创作奠定了基础。

房谋杜断

——出自《旧唐书·卷六十六》

　　房玄龄在李世民发迹之初，就投靠李世民，二人成为相见恨晚的好朋友，一直不离不弃。房玄龄被李世民赞为大唐开国第一功臣。"玄武门之变"后，房玄龄成为首辅大臣，主政长达二十余年，直到去世。随着房玄龄和李世民先后去世，"贞观之治"画上句号。

　　李世民还是秦王时，杜如晦从秦王府被调任地方官。李世民按照房玄龄的提议，奏请父皇留下杜如晦。自此，杜如晦与房玄龄成为李世民的左膀右臂，常为李世民出谋划策，运筹决断。

你们就是我的左膀右臂。

　　李世民常派房玄龄入宫向老爹汇报，高祖感叹说："玄龄为我儿办事，虽然我不见我儿，却好像与我儿面谈一样。"

看到你就像见到我儿一样。

629 年，李世民提拔房玄龄为尚书左仆射，杜如晦为右仆射，要求他们广泛搜求贤才。房玄龄与杜如晦一起选拔人才，尽心尽职，尚书省的制度架构，都是二人帮皇上拟定的。世民与玄龄议事，玄龄总是说："听听如晦的决定。"杜如晦往往赞同房玄龄的计策，二人是如此投合。在辅政的过程中，房玄龄善于谋划，杜如晦善于决断。630 年，杜如晦病危，唐太宗亲自前往探望。

如晦，你怎么看？

杜如晦去世后，唐太宗一有好东西，总是会想起他，于是派人将那些东西送给他的家人。每每想起杜如晦，唐太宗总是老泪纵横。648年，房玄龄病重，唐太宗邀他去玉华宫（后改为寺）疗养，君臣见面，泪流满面。房玄龄的病情直接影响着唐太宗心情。唐太宗与房玄龄不仅是君臣、好友，还是儿女亲家。房玄龄的儿子房遗爱娶了唐太宗的女儿高阳公主为妻，唐太宗嘱咐公主："你公公病得不轻，还在操心国事。你要好生照顾他。"同年七月二十四日，玄龄因病去世。

把这道菜送到杜家去吧。

唐太宗的"房谋杜断"用人搭配体系是如此高明，他将不同的"偏才"整合起来，合理搭配，发挥出"1+1>2"的团队优势。

小贴士

李世民曾为房玄龄写点赞诗，是一首五言绝句，题为《赐房玄龄》："太液仙舟迥，西园引上才。未晓征车度，鸡鸣关早开。"此诗意在称赞、勉励房玄龄为国求贤。

日月同天

——出自《旧唐书·卷六》

637 年，十四岁的武则天带着好奇入宫了，稀里糊涂地成了唐太宗的才人。太子李治面见父皇时，常常看见天真可爱的武则天，心里十分喜爱。唐太宗去世后，按照规定，没有生孩子的嫔妃都要去做尼姑。因此，武才人被送去感业寺做了尼姑。李治登基后，不顾伦理直接把武则天接回了宫中。

你受苦了，走，跟我回宫享福去。

李治

武才人

武则天很有心计，通过讨好王皇后，被封为昭仪。站稳脚跟后，她设计除掉王皇后，取而代之。

此后，武则天在唐高宗身旁协助处理政务，唐高宗常头痛，朝中大权自然落在了武则天手里。后来，唐高宗病逝，李显上位，武则天成为皇太后，按照先皇遗诏，军政大权仍然掌握在武则天手里。

王皇后

690 年，六十七岁的武则天登上梦寐以求的帝位，国号为周，史称"武周"。武则天协助处理政务的几十年，积累了丰富的治国经验。她重视人才，开创了科举考试的殿试制度。在她的治理下，减税降费，大力发展经济，让百姓得以休养生息；开言纳谏，整肃吏治。武则天在位期间政治清明，社会安定，国家再次出现中兴局面，这为她的孙子唐玄宗李隆基的"开元盛世"铺平了道路。

谁说女人不能称帝？那是我还没有出现。

人无完人，武则天晚年开始享受生活，整日花天酒地。她还大兴土木，广修庙宇。为了巩固自己的政治地位，她几乎变了脾气，重用酷吏，伤害了许多无辜的人，给社会蒙上了恐慌的阴影。

武则天名曌，祖籍并州文水县（今山西省文水县），是中国历史上唯一得到普遍承认和家喻户晓的女皇帝。她十四岁入宫，成为唐太宗的才人，唐太宗赐号"武媚"。她在唐高宗时初为昭仪，后为皇后，尊号为"天后"，与唐高宗李治并称"二圣"。705年她退位以后，成为中国历史上唯一一位女性太上皇，不久后在上阳宫病逝，年八十二岁，后与高宗合葬乾陵，留下无字碑。

桃李满天下

——出自《资治通鉴·卷二百零七》

　　狄仁杰当宰相之前，有个大臣叫娄师德，曾经向武则天推荐狄仁杰，但是狄仁杰压根儿不知道这回事儿，还对娄师德没什么好感。

　　有一次，武则天故意试探狄仁杰："你看娄师德这人称得上贤德吗？"

　　狄仁杰客观地说："娄师德作为武将时，尽职尽责守边疆，是不是贤德，我就不知道了。"

　　武则天又探："你看娄师德是不是像伯乐一样，善于发现良马？"

　　狄仁杰说："我跟他一起工作过，没听说过他能发现人才。"

　　武则天微笑说："你就是娄师德推荐的呀！"

　　狄仁杰一听，十分震惊，才知娄师德客观公正、为人宽厚。自此，狄仁杰更加注重搜寻和推荐人才。

小狄这个人，精明干练，可堪重用。

娄师德　狄仁杰

一天，武则天问狄仁杰："有没有能做宰相的人？"

狄仁杰就从人才库中调出张柬之。张柬之虽然上了年纪，但办事稳妥，是个当宰相的料。但是武则天只让张柬之做了个洛阳司马。

几天后，武则天又向狄仁杰要人，狄仁杰说："上次的张柬之还没有用到位呢！"武则天后来把张柬之提拔成宰相。

狄仁杰为官期间一共推荐了几十个人，这些人大多成为当时政坛的核心人物。因此，有人对狄仁杰说："狄公真是桃李满天下呀！"

狄仁杰谦逊地说："推荐人才是为了江山社稷，不带半点儿私利呀！"武则天很敬重狄仁杰，称他为"国老"。

夏官侍郎姚崇、监察御史桓彦范、泰州刺史敬晖等人都是狄仁傑举荐的。他先后推举数十人担任重要官职，这些人都成了名臣良吏。

老天哪! 还我狄国老。

　　武则天做了一个梦，梦到自己下双陆（古代一种棋盘游戏），却始终不能赢。狄仁傑道："双陆不胜，是因为没有子了，这是天意在警示陛下。太子乃是天下根本，根本一动，天下就危险了。"狄仁傑委婉地规劝武皇，将政权慢慢交付李家。

小贴士

开元盛世

——出自《旧唐书》

李隆基小的时候，气度非凡，具有领导者的天赋。一次朝廷举办祭祀活动，负责京城守卫的武姓大将军劈头盖脸地训骂侍从护卫，七岁的李隆基实在看不下去了，跑上前怒视并大声训斥这位将军，顿时震住了这位将军。李隆基长大后更具雄才伟略，立誓要重振李氏皇族，重兴大唐伟业。

712年，李隆基受禅即位，顺利登基，史称唐玄宗，改元"先天"，次年改元"开元"。李隆基登基后，励精图治，梦想复兴大唐。李隆基非常注重选用人才。姚崇曾提出了十条好的建议，受到赏识，被破格提拔为宰相。姚崇这位宰相确实称职，为官清正，办事果断。

你挺厉害呀，来，咱们理论理论！

李隆基

从古到今，天灾时有发生。唐玄宗执政期间，河南地区就发生了一次特大蝗灾。"开元盛世"之所以能开创，和唐玄宗善于听取大臣的意见是分不开的，姚崇灭蝗就是典型的例子。蝗虫遮天蔽日，所过之地寸草不留，啃食一空。百姓眼看着将颗粒无收，就烧香拜佛求老天爷。

地方官员层层告急，请求朝廷制定统一的灭蝗方案。宰相姚崇火速上奏唐玄宗："建议采取火攻，将蝗虫引到一起放火烧之，以求全歼。"

古人的封建迷信思想比较严重。有官员说："蝗灾是老天爷给我们的警示，蝗虫捕杀不得，只有积德修行，弥补过失，才能感动上天，老天爷才能驱散蝗虫，消灾解难。"还有官员怕姚崇抢了头功，阴阳怪气地说："以前对付蝗灾也不曾用过火攻啊，不要闹出大乱子。"

唐玄宗内心认可姚崇的做法，但是表面上还要照顾其他大臣的意见，犹豫不决。

姚崇再次说道："陛下，救灾如救火，蝗虫不除，河南百姓衣食无着，失业率会大大提升，影响社会稳定啊。"

唐玄宗还是不表态。姚崇坚定地说："只要陛下同意，灭了灾是皇上的恩泽；出了差错，一切责任由我承担，革职查办，我一人担当。"

唐玄宗心想："我就等你说这句话呢，妥了。"于是一声令下，地方官员实施火攻，田边火堆燃起，蝗虫集体被焚烧，

133

横行一时的蝗虫大军就这样葬身火海。

　　唐玄宗在任期间，朝廷人才济济，政治、经济、军事等方面都得到长足发展，唐朝再次迎来了一个繁荣盛世，史称"开元盛世"。

小贴士

　　天下的太平安定，使得唐玄宗慢慢开始懈怠，人也变得穷奢极欲。他宠幸杨贵妃，听信杨国忠等奸臣小人的谗言，最终导致"安史之乱"爆发，被逼逃离大唐都城。

安史之乱

——出自《新唐书》

　　李隆基刚登基时，非常重视边防建设，在边疆增设了兵镇和节度使。节度使集军权、政权、财权于一身，权力相当大。

　　安禄山是非常讨唐玄宗欢心的节度使。他善于察言观色、揣摩圣意。摸透唐玄宗的喜好后，他到处搜罗奇珍异宝献给朝廷，以此换取唐玄宗的青睐。张九龄察觉到安禄山有贼心，曾提醒唐玄宗，但唐玄宗反而重用安禄山，竟让他担任平卢、河东、范阳三地的节度使，并同意安禄山认宠妃杨玉环为干娘。

干娘，这是孩儿孝敬您的。

杨玉环

安禄山

安禄山肥头大耳，表面憨厚，内心奸诈，背地里练兵备粮，积极备战。

朝廷有人提醒唐玄宗尽快除掉安禄山，但还未等唐玄宗动手，安禄山就以"皇命密诏，进京讨伐杨国忠"为名，率数十万大军从河北向洛阳进发了。

唐玄宗听到叛军消息后，措施迟缓，没想到安禄山以风卷残云之势渡过黄河，占领洛阳。潼关易守难攻，历来是京城长安的"东大门"，大将哥舒翰把守半年多时间，叛军依旧攻取不下。杨国忠担心哥舒翰的功劳太大会威胁到自己的相位，于是进谗言，逼哥舒翰出关与叛军交战，致使潼关失守。

潼关失守，长安不保。长安城内军民纷纷出逃，唐玄宗

也害怕了，只好带上护卫军和家人连夜向蜀地逃窜。出逃三天，一行人来到了马嵬驿。将士们一路逃来，饥饿和疲劳让他们牢骚满腹，将怨愤全聚焦在杨国忠身上，发动兵变，就地正法了杨国忠。为除后患，将士们要求皇帝处死杨贵妃，在性命攸关时刻，皇帝只有割爱，用一条白绫赐死了杨贵妃。

皇上，臣妾不想死呀！

唐玄宗逃往蜀地后，太子李亨带兵北上，自立为王。李亨就是唐肃宗。

唐玄宗逃跑之后，长安沦陷。这时，叛军内讧，安禄山的儿子安庆绪杀死老爹称帝。李光弼和郭子仪借机收复了长安和洛阳，叛军首领史思明投降。

老爹，该换班了，我也想尝尝当皇帝的滋味。

安庆绪

长安和洛阳收复不久，史思明再次起兵反唐，自立为皇帝。唐军将领还真打不过老奸巨猾的史思明，但是天佑大唐，史思明被其子所杀，唐军侥幸大胜。

这场叛乱史称"安史之乱"，长达八年，战乱使唐朝的政治、经济大伤元气，从此唐朝由盛转衰。

小贴士

安禄山（703—757），本姓康，初名轧荦山，营州柳城（今辽宁省朝阳市）人。他先是投靠幽州节度使张守珪，因骁勇善战，屡建奇功，受到唐玄宗的重用，官至东平郡王，镇抚东北地区。755年，安禄山以讨伐杨国忠为名，在范阳起兵叛乱，南下攻陷洛阳，建立伪燕政权，757年被次子安庆绪所杀。

杯酒释兵权

——出自《丁晋公谈录》

宋太祖即位后不到半年光景，就有两个节度使起兵造反。宋太祖亲自出征平叛。这事儿给他留下了阴影。有一次，他单独问赵普："为什么朝代更替得如此频繁，经常打仗，百姓遭殃？"赵普说："国家混乱的根源在于藩镇权力太大，敢于向皇权叫板。如果兵权集中在朝廷，天下自然少些纷争。"

几天后，宋太祖在宫里宴请石守信、王审琦等几位老将。酒过三巡，宋太祖拿起一杯酒说："我今天的皇位得益于各位的帮助，但是做皇帝也有很大的烦恼，倒不如做个节度使逍遥自在。实不相瞒，一年来我没有一夜安稳觉。"石守信等人听后十分诧异，忙问缘由。宋太祖又说："当皇帝，谁不眼馋哪？我当然信得过几位。但是你们的部下将士如果有贪图富贵的，有一天将黄袍披在你们身上，逼着你们造反，你们怎么办？"

石守信等人一听，吓得连连磕头，哭诉道："请陛下指引一条明路。"

宋太祖说："交了兵权，离京做个逍遥官，置办些房产田地，高高兴兴安度晚年，岂不快活？我们再结为亲家，相安无事，岂不更好？"

石守信等异口同声地说："谢陛下替我们着想！"

第二天上朝，这些人纷纷递上辞职报告，说自己身体不行了，想辞官回乡。宋太祖如愿，赏赐给他们大笔财物。历史上把这件事儿称为"杯酒释兵权"。

宋太祖收回兵权后，创建新的军事制度，挑选精兵，组编了由皇帝直接控制的禁军；地方行政长官全由朝廷选派。中央控制了军权和人事权，自此，北宋王朝开始稳定下来。

小贴士

北宋初期还制定了兵将分离制度，即无论驻屯京城的禁军，还是驻在外地的禁军都必须定期调动。京城驻军要轮流到外地或边境戍守，这种轮流驻防的办法被称为"更戍法"。这种方法名义上是锻炼士兵吃苦耐劳的品格，实际上是借士兵的换防，达到兵不识将，将不识兵，将官再也不能同士兵结合起来对抗朝廷的效果。

南唐后主

——出自《南唐书·卷第三》

南唐末代皇帝李煜是一位卓越的婉约派词人，一位文学造诣较高的词作家，但却不是一个称职的皇帝。赵匡胤兵驻汉阳时，接连灭掉多个小国家，志在一统江南。李煜有心无力，不想投降，打又打不过，无奈之下，每天开始吃吃喝喝，借酒消愁。

南唐臣服大宋以后，赵匡胤先后以祭天为由，安排使者通知李煜进京述职，但李煜以身体不爽为由，写信回绝说："我卑微地侍奉大宋，就是为了保全宗庙，想不到到了这种地步，

你还不放过我，那只好鱼死网破了。"李煜屯粮募兵，积极备战，誓与故园共存亡。

我病得厉害，不能进京。

赵匡胤看信后，大为恼火，命令大军发动总攻，一举拿下南唐。这时，吴越小国为讨好大宋，派兵助大宋攻打南唐，李煜十分恼怒，力劝吴越王要懂得唇亡齿寒的道理，吴越王不予理会。宋太祖加快进攻，金陵城沦陷，李煜投降，南唐灭亡。

李煜被软禁在汴京，宋太祖赐他一个极具侮辱性的封号——"违命侯"，警示后人这个人一直违抗大宋王命，下

场很惨。李煜在汴梁寄人篱下，郁闷的日子更使他心系故乡，对故园时时不忘，这才有"问君能有几多愁，恰似一江春水向东流"的经典名句千古流传。李煜从皇帝变成阶下囚，他的余生是在压抑、悲愤、痛苦、屈辱中度过的。

问君能有几多愁，恰似一江春水向东流……

李煜虽不是当皇帝的料，但是精书法、工绘画、通音律、善诗文，尤以词的成就最高。李煜的词继承了晚唐以来温庭筠、韦庄等花间派词人的传统，又受李璟、冯延巳等的影响，语言明快，形象生动，用情真挚，风格鲜明。南唐亡国后，李煜词作更是题材广阔、情感深沉。李煜的词在晚唐五代词中别树一帜，对后世词坛影响较大。

杨家将

——出自《宋史》

《宋史》中记录了一个传奇而又忠于国家的家族的故事。北宋杨家祖孙三代都精忠报国，在抗辽战役中战功赫赫，他们就是妇孺皆知的杨家将，其中名声最大的是杨业，号称"杨无敌"。

赵匡胤身亡后，他的弟弟赵匡义接替皇位，史称宋太宗。宋太宗志在统一北方，听说杨业"老于边事，洞晓边情"，就安排他为大将军，与潘美一起担负边境防辽重任。

杨业把好险关要塞，辽军下不得手。980 年，辽军十万

大军攻打雁门关。杨业胸有成竹,采取"小路包抄,两面夹击"的方法大败辽军。当时,辽军因身后多出一队人马冲杀过来,吓得阵脚大乱,四散而逃。杨业乘胜追击,取得胜利。雁门关大捷后,杨业声名大震。辽军见到杨家将,就吓得不敢再战,"杨无敌"的称号由此而来。

982年,十二岁的耶律隆绪即位,成为大辽皇帝,复国号为契丹,由母承天太后摄政。赵匡义一看,大辽主政的又是老妇又是少年的,就想抓住这个机会收复燕云十六州,于是委派潘美、曹彬、田重进三路大军北上伐辽。年近六旬的杨业身为副将随军出征。

战事打响后,曹彬所率军队因失利而被赵匡义调回。潘美、杨业所部一边需要掩护边境百姓撤退,一边需要抵抗辽军的攻击。杨业与监军王侁在作战方案上意见不统一，后来潘美也站在王侁一方，二比一，杨业明知凶多吉少，却不能违背军令，只好硬着头皮上阵。

潘美

王侁

杨业出发前大声说："我杨业不是怕死，可惜的是让我的兄弟们白白搭上性命。此仗虽凶多吉少，但胜败未定。如果我兵败撤退，你们要在陈家谷口一带设下埋伏，兴许能扭转战局。"

双方一交锋，辽军就打败了宋军，杨业退回了陈家谷口。杨业退到谷口，看不到宋军的影子，心想："不好，天要灭我杨家将。"原来，王侁争功，提前撤走了伏兵。

杨业及手下的兵士全部阵亡。宋太宗知道战况后，十分悲痛，潘美连降三级，王侁被贬官流放。

天降神兵

出发!

佘太君

杨家将的老令公杨业是北汉的降将。他最初为北汉驻守边关，一直和辽军交锋，征战了三十多年，从来没有打过败仗；后归降大宋，在雁门关战役中唱了一出暗度陈仓的好戏，仅仅用几千人就打败了辽军的十万铁骑，从此扬名天下。

澶渊之盟

——出自《宋史》

赵匡义死后，宋真宗赵恒即位。辽国在萧太后摄政后，国力雄厚，各方势力野心膨胀。萧太后打算南下侵占北宋的地盘。

宋太宗当政时期，将领在与辽军作战时，必须按照"皇家御制"方案排兵布阵，不得调整，否则就算打了胜仗也要被问责。然而，战情往往瞬息万变，一支没有机动权的部队，只会屡战屡败。

辽军南下的消息传到汴京，宋真宗慌了神，打算迁都南逃，群臣说往哪里逃的都有，只有宰相寇準坚持御敌。他举荐杨延昭挂帅，带兵抗辽。寇準的坚持唤醒了宋真宗心里的那几分英雄气概，于是他采纳了寇準的建议。

虎父无犬子,杨业之子杨六郎可挂帅出征。

交战不久,宋军就占了上风。辽军提出议和,被宋真宗拒绝了。因此辽军发动猛攻,最终占领德清(今河南省清丰县),并将澶(chán)州(今河南省濮阳市)包围。

辽军大将萧挞凛被射死,辽军士气低落,再次提出议和。宋真宗站在澶州城楼上督战,宋军士气高涨,决心与辽军决一死战。这时,辽军因战线拉得太长,粮草不济,担心更可怕的事儿发生,第三次提出议和。

宋真宗也是见好就收,答应了议和。寇準听后向皇帝苦谏:"辽军已是强弩之末,现下正是荡平辽军的大好机会。"

杨延昭也上书说敌军疲惫，我军气势高涨，建议乘胜北上，一举收复失地。可宋真宗心虚，只想赶紧议和息事。朝中有人攻击寇準存有私心，因此没有人再议抗辽事宜。

宋真宗派曹利用前去议和，达成澶渊之盟：宋辽两国互不侵犯，宋每年给辽十万两白银和二十万匹绢。澶渊之盟，换来宋辽几十年的和平。寇準在宋辽战争中的功劳最大，声望高涨，宋真宗疑忌他，将其降职外派，而投降派王钦若则借机当上了宰相。

宋　曹利用　辽　辽国使者

《澶渊之盟》是宋辽两国经过二十五年战争后签订的盟约，对北宋来说也是个不平等条约。条约中规定宋须每年送给辽"岁币"银十万两、绢二十万匹，这无疑加重了北宋百姓的负担。因为宋辽两国是在澶州休战，澶州亦名"澶渊郡"，所以这份条约称为《澶渊之盟》。

靖康之耻

——出自《靖康纪闻》

靖康年间，北宋朝政混乱，金军进攻不断，致使国力衰微。当时的民谣《十不管》讽刺了无能的朝廷。金军已经兵临开封城下了，北宋君臣还在讨论如何讨好金太宗。

不管太原，却管太学；
不管防秋，却管《春秋》……

开封被金军包围后，形势十分危急。宋钦宗居然把希望寄托在一个叫郭京的江湖骗子身上。江湖骗子自称会法术，用七千七百七十七人就可以抵抗金国的千军万马。明眼人指出这是骗人的把戏，但尚书右丞孙傅等一大批糊涂官信奉郭京，还保举他当官，支持他操练"六甲神兵"。

骗子郭京常用大话唬人，却迟迟不发兵。中书侍郎何栗一再催促他出兵，他却故作高深地说："非至危急，神兵不出。"郭京心中明白，一出兵就穿帮了。果然，"六甲神兵"出战，没有战斗力，被打得落花流水，郭京借机出逃，开封城沦陷。

宋钦宗逃不掉，只能去金军大营请降。金太宗俘获了宋徽宗、宋钦宗，并索取了大量的金帛、马匹等。金军南下水

土不服，准备回撤，金太宗委任张邦昌为帝，国号大楚。

金军把包括宋徽宗在内的整个皇室家族数千人，以及何栗、秦桧等官员，还有工匠等十多万人，一同掳走。后来，宋徽宗、宋钦宗在五国城（今黑龙江省依兰县以东至乌苏里江口的松花江两岸）苟且余生。

小贴士

宋徽宗赵佶，在政治上无能，在生活上荒唐，但在艺术上却天分极高。他广泛收集民间文物，特别是金石书画，命文臣编辑《宣和书谱》和《宣和画谱》等。他的书法挺瘦、秀润，形成自己的风格，称"瘦金体"。

精忠报国

——出自《宋史·列传第一百二十四》

岳飞是相州汤阴（今属河南省安阳市）人，小时就很有志气，非常喜欢研读史书和兵法。他臂力过人，能骑善射，从小练就了一身过人的本领。岳飞二十岁从军，以一名小队长的身份开启了军旅生涯。

岳飞看到满目疮痍的中原，立誓收复失地，拯救百姓。他的母亲姚氏深明大义，积极鼓励他抗金荡寇。相传岳母刺字"精忠报国"，这个故事使岳母成为家庭教育的楷模。岳飞戎马一生，全身心投入抗金大业。

宗泽是当时北方抗金的核心人物，岳飞率众来投靠宗泽。岳飞善于灵活作战，常常能够抓住有利战机，有时不免违反军纪，但每次多以功抵过。宗泽爱惜将才，从不追责岳飞，还教授他一些排兵布阵的兵法，并提醒说："你智勇双全，擅长游击战，但是不按兵法出牌，日后成了镇守一方的大将，就会吃亏的。"岳飞回答说："用兵贵在见机行事，出奇制胜，绝不能完全拘泥于兵法。"宗泽信服。

宗泽去世，杜充接替。杜充是一个嫉贤妒能的平庸之辈，一直想打压和坑害岳飞。杜充下令拆除了有效的黄河防线，金军见机渡河，东京被占，后杜充投降金军。北方只有岳飞坚持抗金，每次袭击，多有收获。岳飞的声威大震，很多抗金力量慕名投在岳飞旗下，发展成规模化的"岳家军"。岳飞与当时的韩世忠、刘光世和张俊等名将齐名。

欢迎加入岳家军!

《满江红》是岳飞抒发抗金豪情的名篇，整首词激情澎湃，志向高远，激励着中华民族的爱国心。

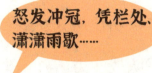

怒发冲冠，凭栏处、潇潇雨歇……

岳飞胜仗连连，地位随之攀升，宋高宗也对其高看一眼，想为他建造豪宅，却被岳飞推辞说："金人不灭，顾不上家。"宋高宗甚是欢喜。有官员问岳飞："天下什么时候才能太平？"岳飞答道："文官不爱财，武将不怕死，天下自然太平。"

稍等，待我荡平贼寇！

小岳，为你建造一座别墅怎样？

宋高宗

岳家军军纪非常严明，对百姓秋毫无犯。有一次，一个士兵抢了百姓一束麻草，虽然不值多少钱，但是岳飞依然以军法论处。岳家军露宿路边不扰民，冻死不拆屋，饿死不抢粮；岳飞还拿出自己的俸禄和赏赐分发给军属的子女，士兵都愿为他效死力，因此军队战斗力飙升。金人有"撼山易，撼岳家军难"的评语，以示对岳家军的由衷敬佩。

小贴士

　　有历史学者推测，岳飞一心想要北伐中原，恢复北宋时期的版图，这与宋高宗想要偏安江南的政策背道而驰。这或许是岳飞被迫害致死的原因之一。

成吉思汗统一蒙古草原

——出自《元史·卷一》

金国建立后，与大宋之间的战争，一直持续了一百多年。同时，蒙古各部逐渐强大起来。1206 年，铁木真被推为大汗，称"成吉思汗"。

被后人认为是中国乃至世界历史上杰出政治家、军事家的铁木真，正是在那个年代成就了他伟大而传奇的一生。铁木真的童年非常坎坷，他的爷爷被金国皇帝杀害；他的父亲是蒙古部落中强有力的首领之一，在成吉思汗九岁时，被鞑靼部人毒害。九岁的铁木真带着母亲和弟弟、妹妹开启了逃亡生活。他们东躲西藏，缺吃少穿，日子过得是要多艰辛有多艰辛。逃亡的生活，磨炼了铁木真坚毅隐忍的品性，仇恨就像种子一样在他心里扎根，他时刻提醒自己：报仇！报仇！报仇！

这种日子真不好过呀！

少年铁木真

铁木真与另外一个部落的首领札木合关系要好，亲如兄弟，吃住在一起。渐渐地，铁木真的人马越聚越多，札木合部下的有些人也过来入伙，这可惹恼了札木合。后来，札木合的弟弟来抢马，被铁木真的部下打死了，札木合与铁木真友谊的小船从此彻底翻了。在两人的交战中，铁木真虽战败，但札木合杀死所有战俘，引起将士不满，又来投靠了铁木真，铁木真的势力反而更大了。

以后我们势不两立！

铁木真

札木合

后来，金人约铁木真一起攻打鞑靼部。铁木真抓住报仇的好机会，把鞑靼部打了个落花流水，报了父亲的仇。接下来几年，他又不断南征北战，最终完成统一蒙古各部的大业。铁木真创建了一套完整的政治、军事制度。他是草原上的雄鹰，勇往直前，所向披靡，不断向西扩张版图。他率兵三次进攻西夏，征服之地甚至到达西亚和中欧的黑海海边。

小贴士

现在的成吉思汗陵，位于内蒙古自治区伊金霍洛旗草原上，但这座陵园只是后人祭祀的地方，并非成吉思汗真正的安息地。因为当时蒙古汗王的安葬有着独特的习俗和保密传统，所以成吉思汗身葬何处，至今仍是个谜。直到现在，成吉思汗的安葬之处也未在中国任何史料中出现。

靖难之役

——出自《奉天靖难记》

太子朱标死后，朱元璋立朱标之子朱允炆为皇位继承人。朱元璋通过诛杀功臣，化解对新皇帝的威胁，同时分封诸子为王，负责辅佐中央。北方的燕王实力最强，朱允炆登基后想通过削藩收权于中央，燕王不服，起兵反抗朝廷，史称"靖难之役"。

我的好孙儿，日后我们朱家的产业就靠你打理了。

朱元璋

朱允炆

朱元璋计划中的"保皇派"成了"争权派"。朱允炆登基后，燕王朱棣的野心与日俱增，窥视着皇位、皇权。

在建文帝朱允炆眼里，藩王就像一个"土皇帝"，他感受到威胁，于是听取了心腹齐泰、黄子澄等人的建议，确定削藩。建文帝削藩，先削小藩，后削大藩，藩王心里都不爽。燕王朱棣坐不住了，开始蠢蠢欲动。

先把这几个小藩除掉。

1399 年，朱棣以"清君侧，靖国难"的名义起兵造反。虽然建文帝的朝廷军队占优势，但是缺少将才。建文帝任命他的表哥李景隆为将带兵。李景隆没有实战经验，导致全军覆没。

这场"靖难之役"打了三年，由于南京城内的一个太监叛变，将南京城的军事布防信息透露给燕王朱棣，朱棣率军直扑南京。南京守将见大势已去，也不再抵抗，放燕王进城。燕王一入皇宫就开始寻找建文帝，但是只看到几具烧焦的尸体，他假惺惺地哭道："我是来帮皇上除奸邪的，你怎么想不开，投身火海也不见我呢？"朱棣以皇帝之礼厚葬了建文帝，昭示天下皇帝已死。几个月后，朱棣登基，改年号永乐。

我是来帮皇上除奸邪的，没想到我侄宁死不肯见我。

朱棣

建文帝真的被烧死了吗？关于建文帝的下落，民间有很多传说。有野史说朱元璋曾给了建文帝袈裟、钵盂和度牒，备好剃度出家的后路；有人说，建文帝早已出海，离开了中原；也有人说，建文帝就是被烧死的。总之，建文帝的下落成了历史上一个不解之谜。

烧了好，烧了好，一了百了。

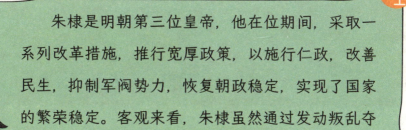

　　朱棣是明朝第三位皇帝，他在位期间，采取一系列改革措施，推行宽厚政策，以施行仁政，改善民生，抑制军阀势力，恢复朝政稳定，实现了国家的繁荣稳定。客观来看，朱棣虽然通过发动叛乱夺取皇位，但在政治上他是一位智慧卓越、改革有力的帝王，为后世留下了宝贵的政治遗产。

郑和下西洋

——出自《明史·列传第一百九十二》

明朝帝国的海上远航活动非常有名，首次出航始于永乐三年（1405），最后一次结束于宣德八年（1433），先后七次，共耗时二十八年。因为郑和担任使团领队，所以历史上称之为"郑和下西洋"。

郑和，本姓马，一说原名文和，小字三保（亦作"三宝"），云南人。朱元璋平定云南时，俘获了年仅十一岁的马三宝，从此马三宝进宫做了太监。马三宝精明乖巧，善于察言观色，深受燕王朱棣的赏识。朱棣当了皇帝后，赐马三宝姓郑，享受四品官职待遇。

朱棣为宣扬国威，安排工部制造了巨大的宝船，船上装满丝绸、茶叶、瓷器等特产。1405年，郑和奉皇命，率水手、官、兵二万七千八百余人乘"宝船"六十二艘，从苏州刘家港（今江苏省太仓市浏河镇）出发，开始了第一次远航，两年后返回。以后又屡次航海，遍游三十多个国家和地区，最远曾达非洲东岸和红海海口。每到一地，郑和就用茶叶、瓷器等与当地居民换取象牙、玛瑙及香料等当地特产。郑和船队宣扬了大明国威，也促进了中国海上丝绸之路的贸易往来。

据史料记载，郑和驾驭的宝船最大的长四十四丈（约合一百五十一米），宽十八丈（约合六十一米），载重约一万吨，是当时世界上最大的远洋船只。郑和的远洋航行比西方哥伦布、达·伽马等的航行早半个世纪以上，船队规模与船只之大，都超过他们几倍，海外所见之人皆为之震惊，更为明朝强势国力所震撼。

郑和

海内存知己，天涯若比邻。

郑和首航成功返回，带回许多海外珍宝。明成祖朱棣听完郑和的汇报后十分高兴。明成祖朱棣非常支持远航活动，郑和基本上每隔两年就出海一次，每次船队随行人员都在两万人以上。第四次出海回来时，郑和带回来一只长颈鹿，当时人们叫它"麒麟兽"。

天降麒麟，祥瑞之兆。

郑和通过数次下西洋的航海实践，积累了宝贵的远洋航行经验，代表着当时海上航行的最高水平。在长期的航海活动中，郑和绘制了几十幅航海图，记录了五百三十多个地名，详细标注了航线、岛屿、海滩、山脉和城市等，是世界上现存最早的航海图。

第七次出海后，明朝皇帝终止了远航的壮举。由于朝廷的短视和愚蠢，一些愚昧的大臣为了杜绝后人再出海，一把火烧毁了郑和的航海日记和制造大船的图纸。中国处于封建社会晚期之时，其他各国纷纷走向海洋，中国却放弃海外贸易，进入冬眠式的自我封闭状态。

烧了，一了百了。

某大臣

　　郑和下西洋的起因有多种说法，《明史》记载"成祖疑惠帝亡海外，欲踪迹之"，"且欲耀兵异域，示中国富强"。另外还有扫荡张士诚旧部、解决军事复员问题、获取海外朝贡、发展贸易缓解财政支出紧张、探求从海路到达麦加的可能性、迎取佛牙等说法。

土木之变

——出自《明史·列传第一百九十二》

历代皇帝非常看重是否名正言顺地登基，朱棣心里明白自己不是以传统方式当上皇帝的，因而对身边的人长存怀疑。他的这种担忧抬升了宦官的地位和权势，催生了负责暗中监视大臣们言行的东厂这一机构。随着皇帝的器重，宦官的手已插进了军政大权领域，很多宦官升任提督和司礼监，负责为皇帝阅读奏折。

在明宣宗时期，有一个落第的秀才名叫王振，传闻他自阉入宫，因为善察人意，很得明宣宗的欢心。王振特别会讨

皇帝的欢心，因为读过两年书，就做了太子朱祁镇的伴读。王振一心讨好太子，极受宠爱，后升任为司礼监掌印太监。

朱祁镇号明英宗，但是他一点儿也不英明，年幼即位时只知道吃喝享乐，从不过问国家大事。这样的皇帝多依靠宦官处理政务，因此王振成了朝廷实际的掌权人。他排除异己，迫害忠良，提拔那些喜欢阿谀逢迎的同类人担任重要的官职。慢慢地，朝廷变得越来越腐败混乱，朝中的公卿大臣称只手遮天的王振为"翁父"。

你看着办吧。

明英宗

王振对朝廷大事过度干预，引发祸乱。有一次，瓦剌部的首领也先来朝贺。他有两个目的：一是进贡马匹，获取赏赐；另一个目的是和明英宗结为姻亲，拉近关系。而王振自己做主拒绝了和亲，并降低赏金和马匹的价格，王振的做法惹恼了瓦剌部。正统十四年（1449），瓦剌贵族也先率军分

四路攻明，明军落败。

明军战败后，大臣们都在想对策，而王振则只盘算自己的得失。他担心自己的田产，极力劝说明英宗亲自带兵迎敌。王振在半路让明英宗带兵借道自己的家乡，让士兵来转移自己的家产。士兵被王振耍着玩，怨声载道。明军因此错过了撤兵的最佳时间，最终被瓦剌兵追上了。

疲惫的明军抵挡不住勇猛的瓦剌兵，连连后退，一直退到土木堡。当天晚上，将士们又饥又渴，王振胡乱指挥，坚持在土木堡落脚，不料被瓦剌军包围了。

也先善用计谋，他假装和明军讲和。昏庸的明英宗果然上当，下令让士兵去找水解渴。士兵四散后，瓦剌军乘机进攻，明军惨败。反对明英宗亲征的兵部尚书邝埜、户部尚书王佑、英国公张辅等朝廷重臣均死于这场战役。明英宗被俘，王振也死于乱军之中。这场战役成为繁荣的明朝开始走向败落的转折点。

我们到了今天这个地步，都是因为你！

某将领

瓦剌是蒙古游牧民族的主要分支，明末清初分准噶尔（绰罗斯部）、杜尔伯特、土尔扈特、和硕特四部。最初，各部落之间奉行平等关系，评选出盟主。明朝时，瓦剌势力日渐强盛，多次南下对中原地区发动战争。明朝后期，瓦剌内部不和，逐渐衰落。

严嵩祸国

——出自《明史·列传第一百九十六》

　　明武宗没有儿子，他死后由堂弟朱厚熜继位，年号"嘉靖"。明世宗朱厚熜登基后，开始打压宦官权势，政风渐好。但明世宗迷信道教，奢求长生不老。古人"求仙"时会用到一种专门的祭文，叫青词。大学士严嵩凭借一手好青词赢得明世宗的欢心和欣赏，被提拔为内阁首辅。

　　严嵩当权后，一些势利朝臣蜂拥投靠严嵩父子门下，甚至有三十多个大臣为了讨好严嵩，认严嵩为干爹。严嵩靠集团成员操控朝政，呼风唤雨，干了很多坏事儿。严嵩在朝堂上极力排挤和打压反对或举报他的官员，这些官员或被撤职、调离，或被处死。杨继盛则是这些正直大臣的代表，他极力检举严嵩的祸国行为。

严嵩十宗罪……

明世宗

杨继盛

杨继盛上呈的举报信列举了严嵩贪贿纳奸、结党营私、打击异己等十条罪状，明世宗最担心的北方边患问题也在其中。罪状均属实，明世宗开始关注严嵩。但遗憾的是，杨继盛让两个藩王做人证，犯了大忌：一方面，明世宗不愿意看到这两个藩王，人没找对；另一方面，藩王是不能过问政事的，坏了规矩。明世宗一怒之下将杨继盛送进监狱。严嵩存心将杨继盛的名字附在死刑犯名单的最后面，上奏朝廷。明世宗看都没看，批准了。就这样，杨继盛稀里糊涂地同死刑犯一块儿被杀了。

严嵩之子严世蕃为了掌握皇帝的心思，收买皇帝近身的太监，安排他们记录皇帝的生活规律和喜好，以此来揣摩皇上在想什么。朝中风传严嵩父子为"大丞相""小丞相"。

严嵩父子靠上明世宗这棵大树后，操控朝政二十多年，弄得官民共愤。严嵩的儿子严世蕃更是狂妄至极，他曾说："朝廷国库也没有我家的钱多。"举报信像雪片一样，但丝毫没有伤到严氏父子。

山东道士蓝道行是当时京城最有名的占卜先生，徐阶为了扳倒严嵩，将蓝道行介绍给明世宗。一天，徐阶设下一局，知道严嵩有表上奏，就通知蓝道行做好准备，在给明世宗占

卜时说：“今日必有奸臣前来奏事。”严嵩入局，明世宗自此将奸臣与严嵩画上等号，渐渐开始厌烦和疏远严氏父子。终于有一日，明世宗下令，斩了严世蕃，抄了严嵩的家。

今日必有奸臣前来奏事。

蓝道行

严嵩被抄家后，一无所有，穷困潦倒，惨不忍睹。过了两年，严嵩死于荒野，无棺木入葬，无人吊唁收尸。

小贴士

严嵩是进士出身，后来官至嘉靖朝内阁首辅，权倾天下二十余年。《明史》中将他列为六大奸臣之一。严嵩在把持朝政期间，结党营私、陷害忠臣、贪赃纳贿，他的党羽横行朝廷。在他专权期间，国力衰弱，边疆防御懈怠。他给明朝造成不可估量的损失。

清军入关

——出自《明史·列传第一百九十七》

1643 年，李自成在西安建立大顺政权，并亲率百万起义军，兵分两路攻打北京。两路大军所向披靡，很快会师在北京城下，驻守的明军闻风投降。

起义军进入北京城的第二天晚上，宫里火光映天，明思宗拼命敲钟，也不见文武大臣的身影，他知道末日到了。明思宗登上煤山，也就是今北京景山，吊死在寿皇亭边的一棵槐树上。统治中国二百七十七年的明朝帝国结束了。

大顺起义军进占北京，李自成骑着马，非常神气地进了紫禁城。北京的百姓像过春节一样，张灯放炮，迎接起义军。

李自成

李自成一面安抚百姓，一面惩处明朝的皇亲国戚、贪官污吏。有个大官僚叫吴襄，有人提醒李自成说，吴襄就是山海关总兵吴三桂的老爹，如能招降吴三桂，岂不是壮大了大顺政权的实力？于是，李自成叫吴襄给他儿子写信，诱劝他投降起义军。

快给你儿子写信，劝他归降起义军！

吴襄

吴三桂原在关外抗清，驻守在宁远一带。收到老爹的劝降信后，决定到北京看看再说。吴三桂兵发北京，路上，获京师陷落、明思宗自缢的消息，又听说家产被抄，他最宠爱的歌姬陈圆圆也被掳走。于是，吴三桂下令退回山海关，诗句"冲冠一怒为红颜"由此而来。李自成知道吴三桂拒绝投降后，亲率六万起义军进攻山海关。吴三桂一听慌了神，写信向清军求援。

清军爽快地答应了，与吴三桂订立盟约，二者合力大败李自成。此战之后，李自成军队的战斗力大大减弱，无奈之下，李自成只得率领起义军撤回西安。随后，多尔衮大摇大摆地率军进驻北京城。1644 年，清世祖爱新觉罗·福临入关，确定迁都北京，开始了清王朝的统治。

明朝的皇帝老儿真会享福哇！这北京城真是不错，也该我八旗子弟享受享受了。

多尔衮

第二年，两路清军攻打西安，李自成率兵在潼关抗击，不敌，转移襄阳。起义军在湖北通山县九宫山遭到当地地主武装袭击，李自成落败阵亡。

李自成离开北京后，张献忠在四川称帝，建立大西政权，继续高举抗清大旗。1647 年，清军南下，张献忠在西充凤凰山的战斗中死于箭伤。至此，明朝末年的两支主流起义军全都失败。

算命的曾说，遇凤凰大凶，看来我今该命丧于此。

张献忠

清朝是中国历史上最后一个封建王朝，共十二位皇帝。从皇太极改国号为"清"起，历时二百七十六年；1911年，资产阶级领导的辛亥革命推翻清王朝，结束了中国两千多年来的封建君主专制制度。

平定三藩

——出自《清史稿·本纪六》

铲除鳌拜之后，三藩成了康熙帝的心头大患。

藩王不除，心头难安。

康熙帝

这三个藩王都是投降清朝的明军将领或其后人，一个是引清军入关的吴三桂，一个是尚可喜，还有一个是耿精忠。其中，吴三桂为平西王，驻守云南；尚可喜为平南王，驻守广东；耿精忠为靖南王（耿精忠为耿仲明之孙，1671 年袭父耿继茂爵），驻守福建，合称"三藩"。

三藩当中吴三桂实力最强，他手握兵权，掌控财税，自己安排官职，十分狂妄，是西南地区的"土皇帝"。

在西南，我就是王，我就是这儿的皇帝！

吴三桂

康熙帝一直在找机会铲除藩王的势力，以铲除统一政令的障碍。此时，尚可喜奏请皇上，说自己想告老回辽东，请求让他儿子尚之信继位主政广东。康熙帝恩准尚可喜告老，否了他儿子接替爵位的事儿。这一下，敲醒了吴三桂、耿精忠，他们心里犯嘀咕，于是想试探康熙帝的心思，假装提出撤除藩王爵位的请求，以观察康熙帝的反应。

康熙帝非常果断，他和身边人说："吴三桂野心不死，撤藩或不撤，他起兵造反是迟早的事儿。我们要来个先发制人。"因此，康熙帝下诏同意撤藩。诏令下达后，吴三桂恼羞成怒，选择了狗急跳墙式的造反之路。

我就试试他，没想到他来真的。

1673 年，吴三桂在云南起兵造反。为了师出有名，收拢人心，他换上明朝将军的盔甲，跑到永历帝（朱由榔，明朝灭亡后建立南明政权，后被吴三桂杀死）的墓前痛哭流涕地表演了一番，恬不知耻地举起反清复明的大旗。可是，世人都明白，是吴三桂把清军引入关内，又杀死永历帝，现在他竟打起反清复明的旗号来，真是可笑。

吴三桂兵强马壮势力大，叛军很顺利地打到了湖南。他又派人忽悠广东的尚之信和福建的耿精忠，约请他俩一起造反。这两个藩王一忽悠就上，也反了。这就是历史上的"三藩之乱"。

三藩叛乱，中国南方地区几乎全被叛军占领。康熙帝胸有成竹，调兵遣将，集中优势兵力讨伐吴三桂。1676 年，随

着割据军阀王辅臣的投降，战场形势出现转机。郑经攻打福建等地，使耿精忠腹背受敌，只能投降清廷。随后尚之信也降了。

1678 年，吴三桂在衡州（今湖南省衡阳市）称帝，国号"大周"，但仍不能改变败局。同年秋天，吴三桂病死，叛军群龙无首，最终为清军所灭，"三藩之乱"终于平定。

小贴士

　　藩王是地方的统治者，有自己的藩王属国。他们可能是宗室成员、有军功的大臣或已形成地方割据势力，但在名义上仍未宣布独立的地方势力首领，或者由天子册封统治某地区的统治者。